Maja Storch **Rauchpause**

Maja Storch

Rauchpause

Wie das Unbewusste dabei hilft,
das Rauchen zu vergessen

Mit einem Vorwort von Otto Brändli

2. Auflage

Wichtiger Hinweis: Der Verlag hat gemeinsam mit den Autoren bzw. den Herausgebern große Mühe darauf verwandt, dass alle in diesem Buch enthaltenen Informationen (Programme, Verfahren, Mengen, Dosierungen, Applikationen etc.) entsprechend dem Wissensstand bei Fertigstellung des Werkes abgedruckt oder in digitaler Form wiedergegeben wurden. Trotz sorgfältiger Manuskriptherstellung und Korrektur des Satzes und der digitalen Produkte können Fehler nicht ganz ausgeschlossen werden. Autoren bzw. Herausgeber und Verlag übernehmen infolgedessen keine Verantwortung und keine daraus folgende oder sonstige Haftung, die auf irgendeine Art aus der Benutzung der in dem Werk enthaltenen Informationen oder Teilen davon entsteht. Geschützte Warennamen (Warenzeichen) werden nicht besonders kenntlich gemacht. Aus dem Fehlen eines solchen Hinweises kann also nicht geschlossen werden, dass es sich um einen freien Warennamen handelt.

Bibliografische Information der Deutschen Nationalbibliothek
Die Deutsche Nationalbibliothek verzeichnet diese Publikation in der Deutschen Nationalbibliografie; detaillierte bibliografische Daten sind im Internet über http://www.dnb.de abrufbar.

Dieses Werk einschließlich aller seiner Teile ist urheberrechtlich geschützt. Jede Verwertung außerhalb der engen Grenzen des Urheberrechtes ist ohne Zustimmung des Verlages unzulässig und strafbar. Das gilt insbesondere für Kopien und Vervielfältigungen zu Lehr- und Unterrichtszwecken, Übersetzungen, Mikroverfilmungen sowie die Einspeicherung und Verarbeitung in elektronischen Systemen.

Anregungen und Zuschriften bitte an:
Hogrefe AG
Lektorat Psychologie
Länggass-Strasse 76
CH-3000 Bern 9
Tel: +41 31 300 45 00
Fax: +41 31 300 45 93
E-Mail: verlag@hogrefe.ch
Internet: http://www.hogrefe.ch

Lektorat: Dr. Susanne Lauri
Herstellung: Daniel Berger
Umschlagillustration: Hans Winkler
Gesamtgestaltung, Inhaltillustrationen und Druckvorstufe: Claude Borer, Riehen
Druck und buchbinderische Verarbeitung: Finidr s.r.o., Český Těšín
Printed in Czech Republic

2. Auflage 2016
© 2008 / 2016 Hogrefe Verlag, Bern
(E-Book-ISBN_PDF 978-3-456-95596-4)
(E-Book-ISBN_EPUB 978-3-456-75596-0)
ISBN 978-3-456-85596-7

Inhalt

	Vorwort von Dr. Otto Brändli	7
	Einleitung	9
1	Rauchen ist großartig	11
2	Das Unbewusste	17
3	Die Funktionsweise von Verstand und Unbewusstem	19
4	Das Rauchen und mein ganz normales Leben	23
5	Geschichten von anderen Rauchenden	27
6	Mein guter Grund, mit dem Rauchen aufzuhören	33
7	Mit dem Rauchen aufhören	41
8	Motivkonflikte	51
9	Die somatischen Marker	61
10	Die Zielpyramide	69
11	Bilder sind die Treppe ins Unbewusste	79
12	Mottoziele mit Wunschelementen bauen	89
13	Wenn-Dann-Pläne	99
14	Das Rauchen vergessen	111
	Nachwort	117
	Wie Zigaretten wirken: Medizinische und körperliche Aspekte des Rauchens. Von PD Dr. Claudia Steurer-Stey und Dr. Anja Frei	119
	Literatur	130

Für Maria, zur Erinnerung an den Frühling 2008.
Mögen sich alle Deine Wünsche erfüllen!

Vorwort

Zigarettenrauchen ist die wichtigste und am einfachsten vermeidbare Ursache von Krankheit und Tod in unserer Gesellschaft. Jede Stunde stirbt in der Schweiz ein Mensch vorzeitig wegen des Zigarettenrauchens qualvoll und mit großen Schuldgefühlen und hinterlässt Lücken in der materiellen Vorsorge für seine Familie und Angehörigen. Mehr als 50 Prozent der Rauchenden möchten sofort oder zu einem späteren Zeitpunkt damit aufhören. Aber leider sind viele vom Rauchen körperlich und seelisch abhängig geworden und haben ein unwiderstehliches Verlangen nach der nächsten Zigarette. Sie brauchen deshalb nicht nur medizinische, sondern auch psychologische Unterstützung und eine Anleitung wie diese, von einer erfahrenen Ex-Raucherin – Raucherin mit Rauchpause – geschrieben. Die Psychologin und Psychoanalytikerin Maja Storch hat zusammen mit ihrem Kollegen Frank Krause ein Selbstmanagementtraining entwickelt, das Zürcher Ressourcen-Modell ZRM. Sie ist Inhaberin des Instituts für Selbstmanagement und Motivation Zürich ISMZ, einem Spin-off der Universität Zürich.

Auf Anregung der Lungenliga Zürich stellt sie hier ihre sehr persönlichen Erfahrungen mit Rauchentwöhnung in verständlicher Form vor. Gut nachvollziehbar und mit Humor zeigt sie, wie es möglich ist, sich dauerhaft vom Rauchen zu verabschieden. Sie verwendet dafür erstmals den psychologisch sehr geschickten Begriff einer «Rauchpause». Die Lungenliga, die seit 100 Jahren Lungenkranken und ihren Angehörigen hilft und für rauchfreie Atemluft im öffentlichen Raum kämpft, erhofft sich von diesem Buch möglichst viele und lange «Rauchpausen».

Dr. *Otto Brändli*
Lungenarzt und Präsident der Lungenliga Zürich

Einleitung

Dieses Buch zu schreiben, hat mir großen Spaß gemacht. Es handelt davon, wie ich in meinem Leben mit dem Rauchen eine Pause eingelegt habe, die bis heute andauert. Während der Arbeit an diesem Buch ist meine Vergangenheit noch einmal vor meinem geistigen Auge aufgetaucht. Es war wunderbar, die «alten» Zeiten, in denen ich zur Musik der Rolling Stones geraucht habe, wieder lebendig werden zu lassen. Als ich mich persönlich mit dem Thema «Rauchen» und der Idee, ob man es auch bleiben lassen könnte, beschäftigte, war mir selber gar nicht klar, wie ich das systematisch angehen wollte. Ich wusste erstens überhaupt nicht genau, ob ich nicht doch lieber weiter rauchen wollte und zweitens wusste ich nicht, wie aufhören.

Als dann für mich klar war, dass Rauchen eigentlich ein überflüssiger Vorgang ist, habe ich mit Versuch und Irrtum meine eigene Methode entwickelt, um mich des Rauchens zu entledigen. Weil ich Psychoanalytikerin bin, habe ich auf zwei Dinge geachtet. Erstens, dass bei allem, was ich unternommen habe, das Unbewusste mit im Spiel war. Die unbewusst arbeitenden Teile der menschlichen Psyche haben nämlich eine gewaltige Macht über die Handlungssteuerung und man ist gut beraten, bei allem, was man sich vornimmt, dafür zu sorgen, dass das Unbewusste mit ins Boot kommt. Außerdem habe ich darauf geachtet, dass ich auch ohne Rauchen immer noch ich selbst war. Weil die Raucherlebnisse meiner Jugend und meiner Studienzeit mit großartigen Erlebnissen verknüpft waren, waren sie zu einem Teil meiner Identität geworden. Maja Storch als Gesundheitsfreak und Nichtraucherin – das konnte ich mir einfach nicht vorstellen, das passte nicht zu mir. Gibt es eine Möglichkeit, auch ohne Zigaretten die guten Eigenschaften der Raucherinnen-Identität zu erhalten? Um das Ergebnis vorwegzunehmen: Es gibt diese Möglichkeit und in diesem Buch erzähle ich davon, wie man sie ausfindig macht.

Wie die meisten meiner Bücher, so ist auch dieses Buch eine Mischung aus Lesevergnügen und Arbeitsbuch. Weil ich einen großen Teil meines Erwerbslebens damit zubringe, Trainings zu geben, kann ich es einfach nicht lassen, meine Empfehlungen jeweils in Arbeitsblätter münden zu lassen. Damit können diejenigen, die möchten, für sich selbst oder in einer Gruppe von Freundinnen und Freunden, tätig werden. Die Arbeitsblätter müssen jedoch nicht unbedingt benutzt werden, um das Buch zu verstehen. Ich empfehle, das Buch zunächst einfach durchzulesen, um zu sehen, ob der Inhalt einleuchtet. Wenn dies der Fall ist und Sie Lust bekommen, es selbst einmal zu probieren, dann fungiert dasselbe Buch beim zweiten Lesen als Arbeitsgrundlage.

Die Idee zu diesem Buch stammt von Dr. Brändli, der sein Berufsleben den gesunden Lungen gewidmet hat. Seine Idee hat mir von Anfang an gut gefallen und im Laufe der Zeit habe ich sie immer lieber gewonnen. Nun bin ich neugierig, ob das Ergebnis für Sie genauso viel Freude und Aha-Erlebnisse bereit hält, wie es bei mir der Fall war.

Maja Storch, Mai 2008

1 Rauchen ist großartig

Ich bin Raucherin. Seit ich 44 Jahre alt bin, habe ich keine Zigarette mehr geraucht. Trotzdem bezeichne ich mich bis zum heutigen Tag als Raucherin. Ich bin eine Raucherin mit Rauchpause. Ist das logisch? Das kommt darauf an. Vom Standpunkt des Verstandes aus ist es sicher komplett unlogisch. Vom Standpunkt des Unbewussten aus kann es ganz und gar sinnvoll sein, sich als Raucherin mit Rauchpause zu bezeichnen. Dieses Sprachbild hat mir dabei geholfen, das Rauchen zu vergessen. Ich werde Ihnen erzählen, wie es dazu kam.

Mit dem Rauchen begonnen habe ich, als ich 12 Jahre alt war, heimlich. Zusammen mit meinen Brüdern bin ich in den Wald gegangen und wir haben jeder eine von Mutters Zigaretten geraucht, die wir ihr geklaut hatten. Was sind meine Erinnerungen an diese Situation? Hauptsächlich gute. Es war ein GEHEIMNIS, das wir Geschwister teilten, es war ein AUFBEGEHREN gegen elterliche Verbote, es entstand ZUSAMMENHALT, wir waren eine VERSCHWORENE GEMEINSCHAFT. Hat uns die erste Zigarette geschmeckt? Natürlich nicht. Aber der Geschmack der Zigarette war auch gar nicht das, worauf es ankam. Worauf es ankam, war die AUTONOMIE und die SELBSTBESTIMMUNG.

Weil das Rauchen vom Geschmack her für uns damals in der Tat nicht besonders attraktiv war, haben wir nach dieser einmaligen kindlichen Straftat schnell wieder das Interesse daran verloren. Es tauchte wieder auf, als ich älter wurde und die Pubertät die Kontrolle über meinen Körper und mein psychisches System übernahm. Jede Zeit bringt für die Jugendlichen Themen hervor, mit denen sie ihre Eltern ärgern können. Das ist ein Naturgesetz, das seine Berechtigung hat. Denn zur Aufgabe des Jugendalters gehört es, sich von der Normenwelt der Eltern abzusetzen und eine eigene Identität zu entwickeln. Demnächst ist man erwachsen und wird die Verantwortung für sein Leben selbst übernehmen müssen. Darum ist es dringend notwendig, die Wertewelt der Eltern kritisch zu hinterfragen und eigene Werte zu entwickeln (die dann von den eigenen Kindern später selbstverständlich wieder über den Haufen geworfen werden müssen).

Zu der Zeit, als ich 14 Jahre alt war, waren es die langen Haare der Beatles und der Rolling Stones, mit denen man die Eltern ärgern konnte. Es war die Weigerung, irgendein anderes Kleidungsstück anzuziehen als eine Jeans, und es war natürlich auch die Musik, mit der man sich gegen den Musikgeschmack der Eltern abgrenzen konnte. Und dann war da noch eine ganz wichtige Sache: das Rauchen. Ich erinnere mich an die Nachmittage, die ich im Café Ramona verbrachte. Ein Raum, der den Jugendlichen Asyl bot. Dort stand eine Musikbox mit Platten von den Doors und Deep Purple. Der Klangteppich zusammen mit dem von nikotingelben Vorhängen gedämpften Licht und der rauchgeschwängerten Luft ergab einen KOKON, der gegen die Außenwelt ABSCHIRMEN konnte. Das Café Ramona war für mich ein ÜBERLEBENSBIOTOP. Fing ich mit dem Rauchen an, um dazuzugehören? Für meine Person kann ich das verneinen. Es gab in der Ramona-Zeit diesbezüglich keinen Gruppendruck. Der bestand eher in Bezug auf sexuelle Erfahrungen. Das Rauchen war eigentlich Nebensache. Trotzdem wurde in dieser Zeit das Rauchen für mich interessant. Wie lässt sich das erklären?

Das Rauchen war in meinem Gehirn mit dem Café Ramona assoziiert. Ich hatte recht schnell einen Freund mit langen Haaren und einem VW-Bus. Er rauchte Gauloises ohne Filter. Ich liebte diesen Geruch an ihm. Die Küsse, die nach Gauloises und manchmal auch nach einer Mischung von Gauloises und Bier schmeckten, erotisierten mich in höchstem Maße, sie waren für mich der Inbegriff von MANN und später auch von SEX. Irgendwann fing ich halt auch an zu rauchen, um das Eintauchen in die wunderbare PARALLELWELT zu meinem altmodischen Elternhaus zu intensivieren. Gauloises kratzten mich zu sehr im Hals, darum rauchte ich HB.

Die wichtigste positive Eigenschaft, die die Zigarette damals für mich hatte, war die Erinnerung daran, dass es FREIHEIT für mich gab. Ich lebte in einem kleinen Dorf und hatte noch keinen Führerschein. Wenn der Schulbus mich nachmittags in meinem Dorf absetzte, blieb eine gefangene junge Frau zurück. Die Welt, das war nicht mein Dorf. Die Welt war draußen, woanders, weit weg. Ich musste die Zeit überbrücken, bis mein Freund

angefahren kam, zweimal hupte und mich in die Freiheit mitnahm (wenn mir der Ausgang erlaubt war, ich war ja noch unter 16). Die Zeiten der Freiheit waren für mein Empfinden quälend kurz. Die Zeiten der Gefangenschaft zu Hause dagegen schienen kein Ende zu nehmen. Durch die Zigarette konnte ich mich in Gedanken ins Café Ramona zaubern. Ich konnte «Angie» von den Stones auf meinen kleinen Plattenspieler legen, dessen Lautsprecher im Deckel eingebaut war, und eine Zigarette aus dem Fenster hinaus rauchen. Hinterher musste natürlich das Zimmer mit Deospray oder Räucherstäbchen parfümiert werden, damit meine Eltern den Rauch nicht riechen konnten. Die Zigarette erlaubte mir also eine GEISTESFLUCHT.

Kurz nach meinem 16. Geburtstag machte ich dann die Tatsache, dass ich Raucherin war, in meiner Familie öffentlich. Natürlich gab es erst einigen Tumult, aber irgendwann hatten meine Eltern sich damit abgefunden und ich «durfte» jetzt offiziell anerkannt rauchen. Diese offizielle Anerkennung war ähnlich wichtig, wie das erste Mal zur Wahl zu gehen oder den Führerschein zu erhalten. Es war das Zeichen, dass ich endgültig den Kinderschuhen entwachsen war, und das Eingeständnis meiner Eltern, dass sie mir in dieser Hinsicht nichts mehr verbieten konnten. Die Machtverhältnisse hatten sich geändert. Ich hatte Bevormundung abgeschüttelt und mir EIGENE GESETZE geschaffen. Frei von Fesseln, frei von Zwängen, frei von Vorschriften, ein großes, umfassendes Freiheitspaket hatte ich erworben. In der Entwicklungspsychologie nennt man das den ERWERB VON LEBENSRAUM. Eine attraktive Sache, das kann ich wahrlich sagen.

Dann begann ich mit dem Studium, ich rauchte weiterhin, alle rauchten. Zumindest alle interessanten Menschen, so kam es mir damals vor. Ich studierte Psychologie und unter meinen Mitstudierenden gab es zwei Fraktionen: die Latzhosenfraktion und die wilden Anarchisten. Die Latzhosenfraktion war in der Frauenbewegung aktiv, falls mit männlichem Geschlechtsteil ausgestattet, trotzdem bekennender Feminist. Frauen trugen lila Latzhosen, Männer eher grüne oder solche aus Jeansstoff. Unabhängig vom biologischen Geschlecht wurden die Seminarunterlagen der Latzhosenfraktion in handgewebten Beuteln mit der Aufschrift «Jute statt Plastik» transportiert. Die Füße steckten in selbst gestrickten Socken aus Bio-Wolle und in unförmigen Tretern namens «Roots» (keine

Ahnung, ob es dieses Schuhwerk heute noch gibt, ich müsste mal bei Google nachsehen). Zum Frühstück gab es in der Wohngemeinschaft ein Müsli oder einen Frischkornbrei. Gegessen wurde weitgehend vegetarisch. Später kam als Erkennungsmerkmal der Latzhosenfraktion noch der «Atomkraft nein danke»-Aufkleber dazu und ein Palästinensertuch. Mir erschienen die «Müslis», wie wir sie auch nannten, als zu brav. Sie waren Gutmenschen und hatten die richtige Weltanschauung für sich gepachtet. Außerdem lebten sie gesund, die Pärchen gingen gemeinsam in Partnerschaftsmassage-Kurse mit selbstgerührtem Arnikaöl. Natürlich wurde hier nicht geraucht, weil Rauchen die Lunge schädigt. Für mich war diese Fraktion unattraktiv, denn ich fand sie zum Sterben langweilig.

Die andere Fraktion waren die wilden Anarchisten. Ihre Domäne war das Nachtleben, das Tanzen, das Saufen, die Diskothek. Hier sammelten sich sarkastische Intellektuelle, junge Filmschaffende mit schwarzem

Humor, Raufbuben und hocherotische Frauen. Schwarz war die Lieblingsfarbe dieser Leute. Niemals hätte sich irgendeiner von ihnen einem Regelwerk unterworfen, die persönliche Eigenart galt als das höchste Gut. Ausgeprägte Individualisten waren hier, Jazzliebhaber, Philosophinnen, Avantgardistinnen und Kreative aller Art. Wurde hier geraucht? Aber klar doch. Hier wurde sowieso alles getan, was verboten war und Spaß machte. Dreimal dürfen Sie raten, welche Fraktion mein Wohlgefallen fand. WILDE ANARCHISTIN zu sein machte mir großen Spaß und fühlte sich einfach wunderbar an. Das Rauchen war gekoppelt an REVOLUTION und an den KAMPF GEGEN JEDE ART VON UNTERDRÜCKUNG. Eine rauchende Freundin, mit der ich kürzlich über diese Zusammenhänge sprach, pflichtete mir heftig nickend bei: «Du hast Recht! Das Rauchen ist erbitterter Widerstand gegen jeden Versuch der Domestikation.»

Ihnen ist sicher aufgefallen, dass ich einige Worte in diesem Text in Kapitälchen geschrieben habe. Es sind Assoziationen und Erinnerungen an die Situationen, in denen ich dem Rauchen begegnet bin. Sie sind in meinem Gedächtnis gespeichert. Ich liste die Wörter hier noch einmal gesamthaft auf.

GEHEIMNIS, AUFBEGEHREN, ZUSAMMENHALT, VERSCHWORENE GEMEINSCHAFT, AUTONOMIE, SELBSTBESTIMMUNG, KOKON, ABSCHIRMEN, ÜBERLEBENSBIOTOP, MANN&SEX, PARALLELWELT, FREIHEIT, GEISTESFLUCHT, EIGENE GESETZE, ERWERB VON LEBENSRAUM, WILDE ANARCHISTIN, REVOLUTION, KAMPF GEGEN JEDE ART VON UNTERDRÜCKUNG

Auch heute noch stimmen mich diese Wörter sehr fröhlich. Sie gefallen mir außerordentlich. Ein Mensch, dem es gelungen ist, diese Wörter im eigenen Alltag lebendig werden zu lassen, der oft ganz real das erleben kann, was sie bedeuten, ist in meinen Augen ein glücklicher Mensch. Sie beinhalten wunderbare Erinnerungen und enthalten kostbares Gedankengut. Insgesamt ist die Summe aller Erinnerungen und Assoziationen, die für mich am Rauchen hängen, attraktiv. Wohlgemerkt! Die hohe Attraktivität dieser Wörter und ihrer Bedeutungen ergibt sich gemessen an meinem persönlichen Wertemaßstab. Es kann gut sein, dass für jemanden anderen WILDE ANARCHISTIN überhaupt kein erstrebenswertes Rollenmodell darstellt.

Bei den Überlegungen, die ich in diesem Buch über das Rauchen anstelle, ist die Meinung der anderen jedoch stets völlig uninteressant. Es geht um die eigene, höchst subjektive Bewertung. Denn dieses Buch handelt von den Bewertungen des Unbewussten zum Thema «Rauchen». Ich erzähle von einem System in der menschlichen Psyche, das über große Kräfte verfügt und für das nur eines zählt: die eigene Erinnerung und der eigene Wertemaßstab. Um den wichtigen Beitrag, den das Unbewusste zum Rauchen leistet, nachvollziehbar zu machen, möchte ich im Folgenden die Funktionsweise dieses Systems näher beschreiben.

2 Das Unbewusste

Im psychischen System finden sich zwei Arten von Informationsverarbeitungsprozessen. Die eine Art findet so statt, dass sie bewusst wahrgenommen werden kann. Die Arbeitsweise der anderen Art entzieht sich der bewussten Aufmerksamkeit. Vereinfacht spreche ich im folgenden Text vom bewussten Verstand und vom Unbewussten. Der Begriff «Unbewusstes» stammt aus der Psychoanalyse und wird heute auch in der Alltagssprache häufig verwendet. Ich selbst bin Psychoanalytikerin und habe meine Erfahrungen damit, wie dieser Begriff im Allgemeinen aufgefasst wird. Viele Menschen bringen ihn mit Esoterik und Hokuspokus in Verbindung.

Während man früher weitgehend auf Spekulationen angewiesen war, was die Funktionsweise des Unbewussten angeht, und dabei in der Tat oft baren Unsinn verzapfte, verfügt man heutzutage über solide abgesichertes Wissen. Neben verbesserten Methoden in der Psychologie hat hieran auch die moderne Hirnforschung einen nicht zu unterschätzenden Anteil, nicht zuletzt dank ihrer bildgebenden Verfahren zur Aufzeichnung der Gehirnaktivität. Außerdem weiß man heute auch, dass sich das Unbewusste lebenslang verändert und anpasst. Man spricht daher in neuster Zeit auch vom «adaptiven Unbewussten».

Der amerikanische Psychologe Timothy Wilson fasst die Arbeitsweise des Unbewussten in folgende klare Worte:

- Viele menschliche Urteile, Emotionen, Gedanken und Verhaltensweisen werden durch das adaptive Unbewusste hervorgebracht.
- Da wir keinen bewussten Zugang zum adaptiven Unbewussten haben, erfindet unser bewusstes Selbst Gründe, warum wir so und nicht anders reagieren (WILSON, 2007, S. 148).

Wer heute noch glaubt, menschliches Handeln ließe sich alleine durch den Verstand steuern, befindet sich auf einem ähnlichen wissenschaftlichen Stand wie diejenigen Menschen zur Zeit von Galileo Galilei, die hartnäckig daran festhielten, dass die Sonne sich um die Erde drehe. Das Unbewusste regiert mit, und zwar kräftig. Der Hirnforscher Gerhard Roth schreibt: «Wir sehen, dass das Unbewusste viel umfassender ist als das Bewusstsein und uns in unserem Handeln, insbesondere in den alltäglichen, aber auch in den ganz entscheidenden Dingen unseres Lebens stärker bestimmt als das Bewusstsein.» (2007, S. 79).

Wer also mit sich und dem eigenen Verhalten gekonnt umgehen will, muss zwei Systeme regulieren und steuern können: den bewussten Verstand und das Unbewusste.

3 Die Funktionsweise von Verstand und Unbewusstem

Mit Verstand und Unbewusstem gut umgehen zu können, ist jedoch gar nicht einfach. Die beiden Systeme sind nämlich keineswegs optimal aufeinander abgestimmt, sie arbeiten sogar ziemlich verschieden. Zwei Unterschiede sind für das Rauchen besonders relevant: der Unterschied in punkto Geschwindigkeit und die unterschiedliche Zeitwahrnehmung der beiden Systeme.

Schauen wir uns zuerst die Geschwindigkeit an. Die beiden Systeme arbeiten unterschiedlich schnell. Wenn eine Information oder ein Sinnesreiz im Gehirn registriert wird, erfolgt umgehend ein Kommentar des Unbewussten. Wenn ich von «umgehend» spreche, meine ich damit einen Zeitraum von 200–300 Millisekunden als wirklich sehr schnell. Der Verstand arbeitet langsamer, denn der Verarbeitungsweg vom Eintreffen der Information bis zur Hirnrinde, wo der Verstand sitzt, ist länger. Der Hirnforscher LeDoux spricht darum auch vom «kurzen Weg» und vom «langen Weg» (LeDoux, 2001). **Abb. 1**

Was die Zeitwahrnehmung angeht, kann man vereinfacht sagen, dass das Unbewusste im Hier und Jetzt lebt, während der Verstand auch in die Zukunft denken kann. Die unterschiedliche Geschwindigkeit der beiden Systeme und die unterschiedliche Zeitperspektive kennen vermutlich Menschen mit cholerischem Temperament sehr gut. Man trifft auf einen Menschen, der irgendetwas äußert, das Ärger hervorruft. Der Impuls, mit gleicher Münze zurückzuzahlen, kommt sofort. Je nach Situation verleitet der Impuls zu einem Schimpfwort, einem Vorwurf, zu lautem Geschrei oder sogar zu Handgreiflichkeiten. Wenn man Glück hat, kommt kurz nach diesem cholerischen Impuls die Überlegung, welche Auswirkungen eine solche unbeherrschte Reaktion mit sich bringen kann. Im Team als Verräter dazustehen, die Chefin beleidigt, den Partner

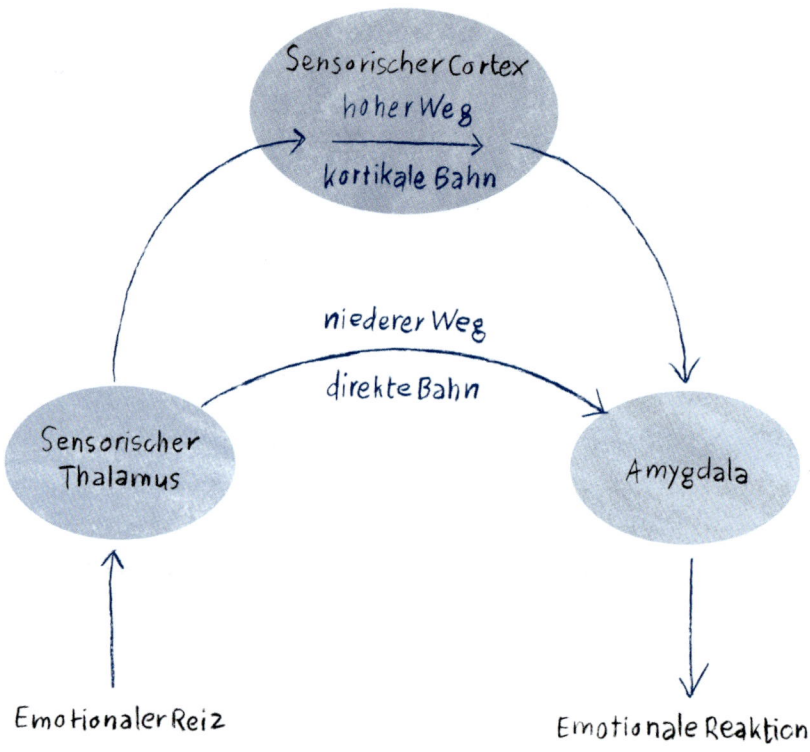

Abb. 1 Der hohe und der niedere Weg der Informationsverarbeitung.
Informationen über äußere Reize gelangen auf zwei Wegen zur Amygdala; einmal durch direkte Bahnen vom Thalamus (den niederen Weg), zum anderen durch Bahnen, die vom Thalamus zum Cortex und von dort zur Amygdala verlaufen (den hohen Weg). Die direkte Bahn vom Thalamus zur Amygdala ist ein kürzerer und deshalb schnellerer Übertragungsweg als die kortikale Bahn vom Thalamus über den Cortex zur Amygdala. Sie kann aber, da sie den Cortex auslässt, nicht von der kortikalen Verarbeitung profitieren. Deshalb kann sie der Amygdala nur eine grobe Repräsentation des Reizes liefern. Sie ist daher eine *schnelle* und *ungenaue* Verarbeitungsbahn. Dank der direkten Bahn können wir auf potenziell gefährliche Reize schon reagieren, bevor wir uns über den Reiz ein vollständiges Bild gemacht haben. Der hohe Weg über den Cortex ist eine *langsamere*, dafür aber *präzisere* Verarbeitungsbahn (nach LeDoux, 2001, S. 175).

Die Funktionsweise von Verstand und Unbewusstem

verletzt oder das eigene Kind verängstigt zu haben. Diese Überlegung, die der Verstand hervorbringt, hilft dann in den gut verlaufenden Fällen, den cholerischen Impuls zu stoppen. In den schlecht verlaufenden Fällen funktioniert diese Notbremse nicht und das Unheil nimmt seinen Lauf.

Übertragen auf das Rauchen bedeuten diese verschiedenen Geschwindigkeiten und Zeitperspektiven, dass das Unbewusste blitzschnell aus einer bestimmten Situation einen guten Grund zum Rauchen ableiten kann. Allfällig vorhandene Bedenken des bewussten Verstandes bezüglich Gesundheit und langfristiger Folgeschäden können überhaupt nicht greifen, da sie einfach zu langsam aufgerufen werden.

Menschen, die versuchen, eine bestimmte Diät einzuhalten, sind auch gut vertraut mit der Funktionsweise des unbewussten Systems. Man hat sich mit dem bewussten Verstand fest vorgenommen, diesmal an der Bäckerei vorbeizugehen, *ohne* ein Croissant zu kaufen. Man ist auf dem Weg zur Arbeit, die Bäckerei kommt näher, der Croissantduft erreicht die Nase, das Unbewusste meldet als Bewertung: «prima, schmeckt gut!», und eine komplette Verhaltenskette spult ganz automatisch ab. Bäckerei betreten, Geldbörse öffnen, Croissant verspeisen, alles verläuft wie von selbst. Der bewusste Verstand ist ein machtloses Instrument in solch einer Situation und tritt erst wieder in Funktion, wenn das Croissant im Magen schlummert, er erzeugt dann Gewissensbisse, die im Nachhinein zu nichts weiter gut sind, als den Genuss zu vermiesen.

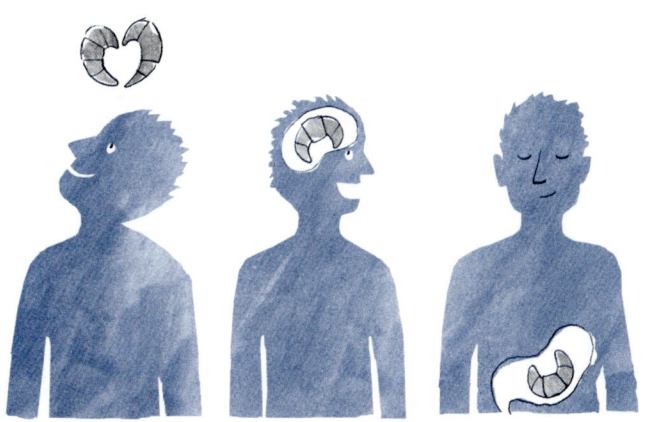

Wenn man nicht weiß, dass diese beiden Systeme mit ihren unterschiedlichen Eigenschaften die ganz normale biologische Grundausstattung eines jeden Menschen sind, dann drängt sich die Vorstellung auf, in sich eine Art Saboteur zu beherbergen, die umgangssprachliche Redewendung vom «Schweinehund» bildet diese Vorstellung ab. Aus der Sicht der Psychologie und der Hirnforschung ist eine solche Vorstellung jedoch falsch. Niemand beherbergt einen Schweinehund in der Psyche und das Unbewusste ist auch nicht dazu da, um zu sabotieren. Wenn man weiß, wie man die beiden Systeme Unbewusstes und bewusster Verstand gut miteinander koordiniert, dann kann jeder Mensch genau das tun, was er sich vorgenommen hat und das sogar noch mit Leichtigkeit und Lust.

Kürzlich fragte mich eine Journalistin: «Meinen Sie denn, dass man sein Unbewusstes austricksen soll?» «Es geht nicht um Tricks, sondern um angemessenen Umgang», antwortete ich ihr. Jeder Mensch hat biologische Grundgegebenheiten, die er bei seiner Lebensführung berücksichtigen kann, wenn er es sich leichter machen will. Wenn man merkt, dass man Verstopfung bekommt, wenn man eine ganze Tafel Schokolade auf einmal isst, dann wird man vielleicht aus dieser Erfahrung klug und isst das nächste Mal nur zwei Riegel. Sagt man dann deswegen «Jetzt habe ich aber meinen Darm ausgetrickst, haha!»? Wer jemals an einer feucht-fröhlichen Nacht mehrere Cocktails durcheinander getrunken hat, weiß, dass man dann am nächsten Morgen einen gewaltigen Brummschädel zu erwarten hat. Sagt man deswegen: «Nein danke, ich bleibe heute beim Bier, keinen Wein bitte, denn ich will meinen Schädel austricksen?» Vermutlich nicht. Der Körper braucht, um optimal arbeiten zu können, in sämtlichen Bereichen des Lebens bestimmte Bedingungen, die ihm das ermöglichen. Genauso ist es auch mit dem Gehirn und den beiden Systemen, die Handlungen und Bewertungen regulieren. Wenn man bemerkt, dass es diesbezüglich Verbesserungsbedarf gibt, dann muss man nicht auf die Jagd nach Schweinehunden gehen, sondern sich Wissen über die Funktionsweise dieser beiden Systeme erwerben. Wie das systematisch, sorgfältig und liebevoll geschehen kann, das erzähle ich am Beispiel meiner eigenen Entwicklung.

4 Das Rauchen und mein ganz normales Leben

Ich hatte mir also das Rauchen angeeignet und ich hatte aus der Sicht des Unbewussten viele gute Gründe dafür, die zunächst einmal hauptsächlich mit Freiheit und Autonomie zu tun hatten. Während meines ganz normalen Lebens kamen viele weitere Gründe dazu, die im Bewertungssystem des Unbewussten unter «prima!» eingeordnet wurden. Während des Studiums ging das Schreiben besser, wenn ich dabei rauchte. Wenn ich mich geärgert hatte, konnte ich mich mit dem Rauchen etwas beruhigen. Wartezeiten konnten leicht mit Rauchen überbrückt werden, zum Beispiel an der roten Ampel. Rauchpausen halfen, die Arbeit zu unterbrechen. In peinlichen Gesprächssituationen gab die Zigarette in der Hand etwas zu tun. Mit der Frage nach Feuer konnte ich Kontakt aufnehmen. Die Frühstückszigarette brachte meine Verdauung in Gang. Die erste Zigarette im Raucherabteil des Zuges nach Hause läutete den Feierabend ein. Rauchen schaffte Gruppengefühl und Wohlbehagen. Die guten Gründe für das Rauchen vermehrten sich mit jedem Lebensjahr.

Mittlerweile war ich um die 30 geworden und um mich herum begannen die ersten, mit dem Rauchen aufzuhören. Ich wurde Zeugin von Gesprächen über Raucherbeine, Mundgeruch, gelbe Vorhänge, Passivrauchen, stinkende Aschenbecher und Lungenkrebs. Haben diese Gespräche dazu geführt, dass mir das Rauchen verleidet wurde? Im Gegenteil. Mein Selbstbewusstsein stieg und ich rauchte weiter und zwar jetzt mit einem weiteren guten Grund: UNABHÄNGIGKEIT VON MODETRENDS. Alle wollen auf einmal gesund leben und 100 Jahre alt werden? Dann mache ich diesen Trend sicher nicht mit. Alle fangen an, im Demeter-Laden einzukaufen und statt Schokoriegeln gepopptes Amaranth zu knabbern? Ohne mich.

Einen guten Anteil an meiner Verweigerung trugen diejenigen Aufklärungskampagnen zur Volksgesundheit bei, die unredlich mit Statistiken umgingen. Wenn dort davon die Rede war, dass das Sterberisiko durch das Rauchen erhöht wird, dann konnte ich angesichts solcher Formulierungskünste nur müde lächeln. Das Sterberisiko ist für jeden Menschen gleich, nämlich 100 %. Was ich lediglich beeinflussen kann – vielleicht – ist die Art und Weise, *wie* ich sterbe. Viele von den Menschen, die in panischer Angst mit dem Nichtrauchen begannen, hatten, wenn man mit ihnen darüber sprach, letztendlich eine bisher nicht eingestandene Angst vor dem Tod. Tod und Sterben ist ein Tabuthema in unserer Gesellschaft und viele gesundheitsfanatische Menschen versuchen eigentlich, dem

Sterben zu entkommen. Was ihnen natürlich nicht gelingt. Die Rauchergruppe, der ich mich zugehörig fühle, die WILDEN ANARCHISTEN, haben keine Angst, sich dem Thema vom Sterben und vom Tod zu stellen. Sie haben keine Angst, sich mit ihrer Angst zu befassen. Sie schreiben Bücher darüber, gehen ins Theater, malen Bilder dazu. Und wenn ihnen irgendein Weißkittel etwas von Sterberisiken erzählt, dann trinken sie ein Glas auf das Wohl vom Sensenmann und zünden sich ein Räucherwerk an. So sind sie eben. UNZÄHMBAR und FURCHTLOS. Und natürlich auch zu INTELLIGENT, als dass man mit ihnen Kampagnen fahren könnte. WILDE ANARCHISTEN lassen sich in kein Schema pressen. Niemals.

Ich erinnere mich noch sehr gut an die erste Party, wo es hieß: «Bitte zieht die Schuhe am Eingang aus und nehmt euch ein Paar Filzlatschen aus dem Korb. Und dann möchten wir euch bitten, auf das Rauchen zu verzichten.» Meine Reaktion kam ultraschnell. Meine Schuhe behielt ich an, schnappte mir eine Flasche Wein und ein Schinkenbrötchen vom Buffet und setzte mich vor die Haustür. Dort machte ich es mir gemütlich – *mit* meinen Schuhen, *ohne* Filzlatschen, und *mit* meinen Rauchwaren. Es war herrlich. Nach einer Stunde fand die Party im Großen und Ganzen draußen vor der Tür statt. Drin saßen noch drei langweilige Personen mit Filzlatschen, die niemanden interessierten. Vor der Tür, da wo die freien Rauchmenschen saßen, da war es lustig und interessant.

Was es mir als RAUCHREBELLIN völlig verunmöglichte, das Nichtrauchen zu meinem Thema zu machen, war eine merkwürdige Verquickung von Nichtrauchen und Gutmenschentum. Nichtraucher hatten damals eine ganze Reihe von Eigenschaften, die in vielen Fällen unmittelbar aneinander gekoppelt schienen. Es hatte etwas mit den lila Latzhosen von früher zu tun. Gegen das Rauchen sein war assoziiert mit Vollwertkost, Umweltschutz, Selbstgerechtigkeit und Missionarseifer. Mir kam es vor wie ein Religionsersatz. Ich trank Alkohol, die Nichtraucher brachten selbstgebrauten Yogi-Tee in der Thermoskanne mit. Ich schlief an den Wochenenden bis in die Puppen, die Nichtraucher waren beim Frühsport anzutreffen. Ich haute mir ein Steak mit Kräuterbutter rein, die Nichtraucher führten sich Grünkernbratlinge zu und tranken ein Glas leckeres Eiran statt Bier. Never, never, never wäre für mich so ein Leben in Frage gekommen.

Ihnen kommt diese Schwarz-Weiß-Malerei übertrieben und undifferenziert vor? Kein Wunder, denn das ist sie tatsächlich. So speichert das Unbewusste Erinnerungen. Das Unbewusste arbeitet nicht nach den Regeln der Logik und ist überhaupt nicht politisch korrekt. Es merkt sich, was für Situationen in räumlicher und zeitlicher Nähe miteinander auftauchen, erstellt innere Bilder davon und hängt diese in langen Assoziationsketten aneinander. Dabei spielt es keine Rolle, ob die Bilder *logisch* miteinander verbunden sind, oder ob andere Menschen die Art der Verbindung nachvollziehen können und gutheißen. Die Verbindungsketten sind eine völlig einmalige Angelegenheit, die eigentlich nur der Besitzer oder die Besitzerin selbst so richtig verstehen kann. Ob man diese Funktion des Unbewussten nun gut oder schlecht findet, das ist dem Unbewussten völlig egal. Das ist seine Arbeitsweise, es gibt auf seine Art sein Bestes. Es häkelt viele Erfahrungen und Sinneseindrücke zu komplexen Netzwerken zusammen, die blitzschnell aktiviert werden können. Das ist sein Job.

5 Geschichten von anderen Rauchenden

Für Michael, einen 26-jährigen Informatiker, begannen seine Raucherlebnisse mit 12 Jahren. «Wir gingen in den Wald, ‹Niele› (Stengel der Waldrebe), rauchen», erzählt er mit leuchtenden Augen. Seine Assoziationen sind HUCKLEBERRY FINN, ABENTEUER, DIE WELT IST GROSS UND SPANNEND, GRUPPENGEFÜHL und GEMEINSCHAFT. Claudia, eine 55-jährige Prokuristin, verbindet die ersten Eindrücke vom Rauchen mit ihrem Vater und ihrem Großvater. LIEBE MENSCHEN, DIE NACH RAUCH RIECHEN ist ihre Assoziation. Ihr Vater ist schon lange gestorben, aber der Geruch von Rauch ist für sie so etwas wie eine Erinnerungsbrücke an die geliebte Person. Ihre gleichaltrige Freundin Theresa findet die ersten Erinnerungen ans Rauchen gekoppelt an ihr Studium. Die Frauenbewegung war in vollem Gange und damit das Thema SELBSTBESTIMMUNG. «SIMONE DE BEAUVOIR war mein großes Vorbild», berichtet Theresa. «Ich wollte auch so SOUVERÄN und AUTONOM sein wie sie. Hierfür war die Zigarette ein wichtiges Symbol. Hiermit zeigten wir unsere REBELLION GEGEN DAS ESTABLISHMENT.»

Sabine, eine 45-jährige Fitnesstrainerin, verbindet die ersten Raucherinnerungen mit AUSBRUCH aus der Rolle der wohlbehüteten und braven Tochter. «Als ich 16 war, verbrachte ich meine Freizeit mit einer Clique von BIKERN», erinnert sie sich. «Das war für meine Eltern natürlich der absolute Horror. Wir fuhren Motorrad ohne Helm, wie lebten WILD und GEFÄHRLICH.» Andreas, ein 37-jähriger Lehrer, verbindet mit dem Rauchen eine Intensivierung seines Gefühlslebens. «Wenn ich unglücklich war, weil ein Mädchen mich hatte abblitzen lassen, dachte ich an JAMES DEAN oder MARLON BRANDO, stellte mir vor, wie man als tragischer Held am Tresen einer Bar sitzt und auf den Schmerz eine Zigarette raucht. Ich wurde vom Gedemütigten zum HELDEN, durch die melodramatische Übersteigerung konnte ich besser mit der Zurückweisung umgehen.»

Rauchpause

Rudi fing in der Militärzeit an zu rauchen, um der Langeweile zu entgehen. Wer raucht, hat etwas zu tun und ist AKTIV. Wer nicht raucht, hat nichts zu tun und kann nur warten. Marita hat mit dem ersten Kind das Rauchen für sich entdeckt. Es war für sie eine kleine AUSZEIT, eine PAUSE von der Beschäftigung mit ihrem Baby.

Später im Leben, wenn man sich an das Rauchen gewöhnt hat, fängt es vielen Menschen richtig zu schmecken an. Rauchen ist dann mit GENUSS verbunden. Rauchen wird außerdem zum Arbeitsgerät, es hilft bei der KONZENTRATION. Schreiben und Rauchen gehören dann zum Beispiel untrennbar zusammen. Rauchen ist auch ein Kommunikationsmittel, mit dem man Frieden stiften kann, neue Kontakte anbahnen, Gesprächspausen überbrücken und allerlei mehr. Die Zigarette nach dem Sex ist bei vielen Rauchenden als wunderbare Erinnerung fest im Gedächtnis gespeichert. STRESSABBAU und ENTSPANNUNG sind ebenfalls positiv besetzte Assoziationen, von denen viele rauchende Menschen berichten.

Wenn Sie Lust haben, Ihre persönlichen schönen Raucherinnerungen zu untersuchen, ist es sinnvoll, die Erinnerungen in drei Epochen einzuteilen:

- *Epoche 1*: Der Beginn – Früheste Erinnerungen aus der Kindheit und vom Beginn des eigenen Rauchens
- *Epoche 2*: Die Konsolidierung – Gewohnheiten, die sich einstellten und feste Zeiten im Tagesablauf, die das Rauchen eingenommen hat
- *Epoche 3*: Der Alltag heute – Die Gelegenheiten, bei denen das Rauchen heute gute Gefühle auslöst. Warum ist es unverzichtbar?

Für Sabine eröffnet das Rauchen in ihrem Alltag die Möglichkeit zum RÜCKZUG. Lustigerweise ist diese Möglichkeit in letzter Zeit sogar noch attraktiver geworden. Denn seitdem man in vielen Gebäuden nicht mehr rauchen darf, ermöglicht es die Rauchpause im Freien, sich von einer Gruppe abzusondern und für eine Zigarettenlänge ganz bei sich zu sein. «Was machen die armen Leute, die nicht mal schnell eine rauchen gehen können? Die müssen weiter bei den anderen stehen und Smalltalk führen. Als Raucherin kann ich entwischen», amüsiert sich Sabine. Für Theresa ist das Grundthema eigentlich auch heute noch gleich, es hat jedoch nicht mehr den kämpferischen Unterton. Aus REBELLION ist AUTONOMIE geworden. Nach wie vor ist das Rauchen bei ihr aber an FREIHEIT gekoppelt.

Für Andreas werden glücklich Momente AUFGEWERTET. «Wenn ich vor dem Gleitschirmfliegen am Hang stehe und noch eine Zigarette rauche, wird die ganze Szenerie für mich erst in ihrer Herrlichkeit richtig erfassbar», sinniert er.

Eine sehr wichtige Funktion erfüllt das Rauchen derzeit für die Prokuristin Claudia. «Rauchen ist extrem unentbehrlich bei all den sozialen Kontakten, die ich beruflich pflegen muss. Zusammen mit Alkohol hilft es mir bei unangenehmen Anlässen, mich zu NARKOTISIEREN. Oftmals bin ich beruflich gezwungen, Gesprächssituationen auszuhalten, die für mich richtig schrecklich sind. Das kann daran liegen, dass ich es mit unsympathischen Menschen zu tun habe, dass die Themen belastend sind oder dass das Ambiente stresst – wie zum Beispiel die Business-Lunches, die ich dauernd haben muss, obwohl mir dabei das Essen im Halse stecken bleibt. Wenn ich da nicht rauchen könnte, würde ich schreiend davon laufen.»

Arbeitsblatt 1

Meine positiven Erinnerungen an das Rauchen

Epoche 1: Der Beginn – Früheste Erinnerungen aus der Kindheit und vom Beginn des eigenen Rauchens

....
....
....

Stichworte hierzu:

Epoche 2: Die Konsolidierung – Gewohnheiten, die sich einstellten und feste Plätze, die das Rauchen eingenommen hat

....
....
....

Stichworte hierzu:

Epoche 3: Der Alltag heute – Die Gelegenheiten, bei denen das Rauchen heute gute Gefühle auslöst. Warum ist es unverzichtbar?

....
....
....

Stichworte hierzu:

Michael ist in seinem Beruf als Informatiker dauernd unter Hochspannung. Er arbeitet mit höchster Geschwindigkeit in einem schnellen Umfeld mit hohen Anforderungen. «Für mich bringt die Zigarette eine ENTSCHLEUNIGUNG», sagt er. «Durch die Zigarette bestimme ich die Geschwindigkeit, zumindest kann ich mir das einbilden. Ich habe selbst die KONTROLLE und bin nicht von anderen kontrolliert. Ich kann den ganzen Höllenzirkus dadurch VERLANGSAMEN.» Andreas mit dem Hang zum melodramatischen HELDEN hat derzeit das Element der LEBENSINTENSIVIERUNG durch das Rauchen unverändert beibehalten. «Kürzlich sind wir im Urlaub in Afrika eine Woche durch den Busch gelaufen, um eine bestimmte Hochebene zu erreichen. Und als wir dort angekommen sind, hat die Zigarette die EROBERUNG und die LEISTUNG erst richtig zur Geltung gebracht. Der GENUSS der schönen Aussicht wurde durch die Zigarette vervielfacht.»

Es mag verwunderlich erscheinen, dass es sinnvoll sein kann, sich so intensiv mit den positiven Seiten des Rauchens zu beschäftigen, wo doch alle Welt weiß, dass Rauchen schädlich ist. Der Sinn dieser Überlegungen besteht darin, zu verstehen, welch großer Rucksack voll bester Gefühle und Extraklasse-Funktionen im Unbewussten zum Thema Rauchen gespeichert ist. Unabhängig davon, ob man plant, mit dem Rauchen aufzuhören oder nicht, lohnt es sich, den eigenen Assoziationsverbindungen auf die Spur zu kommen, denn dadurch lernt man sich selbst besser kennen. Wenn man diese Arbeit in einer Gruppe durchführt, und jede Person in der Gruppe ihre eigenen positiven Erinnerungen ans Rauchen aus allen drei Epochen auf ein großes Plakat oder ein Flipchart schreibt, wird man feststellen, welche wunderbare Stimmung sich in der Gruppe schlagartig ausbreitet. Alle Gesichter fangen an zu strahlen, aller Erzählungen sind von Lachen und Einverständnis begleitet. Am Schluss einer solchen Gruppenarbeit ist der ganze Raum mit guten Erinnerungen tapeziert und allen Teilnehmenden wird sofort klar: Niemals kann das Unbewusste eines Menschen es ohne Gegenwehr zulassen, dass diese wunderbaren Schätze einfach weggenommen, subtrahiert, amputiert oder verleugnet werden. Wenn man sich mit dem Gedanken befassen will, ob es unter Umständen eine sinnvolle Maßnahme sein könnte, das Rauchen einzuschränken oder ganz zu vergessen, ist es auf jeden Fall hilfreich zu schauen, ob es Möglichkeiten gibt, die großartigen Erinnerungen zu bewahren und im psychischen System lebendig zu erhalten. Dazu ist der erste Schritt, die positive Bilanz des bisherigen Rauchlebens zu erstellen und zwar mit vollster Lust und mit Genuss in vollen Zügen. Wer diese Überlegungen für sich selbst nachvollziehen will, findet auf der Seite 31 hierzu ein hilfreiches Arbeitsblatt. Das Ausfüllen dieses Arbeitsblattes ist jedoch für das weitere Verständnis des Buches nicht zwingend notwendig, man kann es auch überspringen und einfach weiterlesen. Dies gilt auch für alle Arbeitsblätter, die noch folgen werden.

6 Mein guter Grund, mit dem Rauchen aufzuhören

Bis zu meinem 40. Geburtstag rauchte ich mit gutem Gefühl. Das Rauchen schmeckte mir und es gab für mich keinen Grund, mit dem Rauchen aufzuhören. Da ich als Psychologin in einer Branche arbeite, in der Gesundheit und gute Lebensführung zentrale Themen sind, begegnete ich der Rauchthematik regelmäßig. Ich machte auch Bekanntschaft mit verschiedenen Gründen von anderen Menschen, mit dem Rauchen aufzuhören. Keiner davon traf bei mir auf innere Resonanz und darum rauchte ich weiter. Ich habe niemals mit dem Gedanken gespielt, das Rauchen bleiben zu lassen, bis zu der Zeit, als Bilder von Camilla Parker Bowles in den Medien erschienen. Camilla Parker Bowles ist die jetzige Ehefrau von Prinz Charles aus England. Nach Prinzessin Dianas Tod führte Prinz Charles seine Camilla, die er als Geliebte offenbar auch während der Ehe mit Diana behalten hatte, in die Öffentlichkeit ein. Camilla Parker Bowles war damals Kettenraucherin – und das sah man ihrer Haut an. Auf mich wirkte die Haut von Camilla Parker Bowles wie ein Zukunftsbild meiner eigenen Haut in zehn Jahren. Und diese Haut gefiel mir nicht. Ich begann sowohl bei mir als auch bei anderen Raucherinnen auf die Haut zu achten und stellte zweifelsfrei fest, dass die Nichtraucherinnen die schönere Haut hatten. Die Raucherinnenhaut war schlechter durchblutet, hatte so etwas wie einen Grauschleier. Die Haut von Nichtraucherinnen war rosiger, strahlender und straffer. Dieses Thema setzte sich in meinem psychischen System nachhaltig fest. Es war der erste gute Grund in meinem Leben, darüber nachzudenken, ob es möglicherweise keine schlechte Idee wäre, sich mit dem Gedanken zu befassen, wann es sich lohnen könnte, das Rauchen mit einem Fragezeichen statt einem Ausrufezeichen zu versehen.

Mein guter Grund für diese Einstellungsänderung lautete: *Ich will nicht aussehen wie Camilla Parker Bowles.* Die Eitelkeit war es, die bei mir den Anstoß gab. Nicht die Gesundheit und nicht das Motiv, den Geldbeutel zu schonen, sondern der Wunsch, schön zu sein. Menschen, die mit dem Gedanken spielen, ihre Einstellung zum Rauchen zu verändern, brauchen dafür einen wie auch immer gearteten guten Grund. Der gute Grund muss so beschaffen sein, dass er auf emotionalen Widerhall stößt. Gute Gründe, die bloß dem Verstand einleuchten, emotional aber nichts anklingen lassen, bringen für die Motivation nichts. Ich weiß nicht, ob ich heute noch rauchen würde, wenn Camilla Parker Bowles nicht in mein Leben getreten wäre. Ich weiß jedoch eines ganz gewiss: Ich würde sicherlich heute noch rauchen, wenn sich inzwischen nicht ein Grund gefunden hätte, der emotional ähnlich stark wirkt wie meine Rebellinnen-Natur.

Ein paar gute Gründe von anderen Rauchenden sollen verdeutlichen, wie gute Gründe sich anfühlen und was für Geschichten das Unbewusste dazu anregen können, das Rauchen möglicherweise in einem anderen Licht zu sehen.

Urs' guter Grund: persönliche Demütigung

Urs ist Fliesenleger und hat immer gesagt: «Auf Baustellen wird geraucht!». Bis er in einem Winter eine schlimme Rachenentzündung bekam. Es gibt Rauchende, die hören mit dem Rauchen auf, wenn sie eine Rachenentzündung haben, weil das Rauchen schmerzt. Es gibt aber auch die Methode, über den Schmerz hinweg zu rauchen, denn das Rauchen lässt man sich doch von so einer Rachenentzündung nicht vermiesen. Zu dieser Sorte habe ich gehört, und Urs zählte sich auch dazu. Er hatte also seine Rachenentzündung und rauchte trotzdem. Hinzu kam der Winter, der in dem Jahr, in dem Urs seinen guten Grund gefunden hat, besonders eisig war. Er arbeitete gerade an einem Hausflur und war von der Kundin gebeten worden, im Haus nicht zu rauchen. Also stand er vor der Tür, im Schneetreiben, in beißender Kälte. «Weißt du, Maja, als ich so da stand, mit abgefrorenen Fingern, gekrümmt im Hauseingang im pfeifenden Wind und den Rauch meiner Gitane-Mais in meinen schmerzenden

Schlund zog, da schämte ich mich auf einmal vor mir selber. Die Situation war doch demütigend, ein anderes Wort gibt es dafür nicht.» Urs trat die Zigarette aus, zerknüllte sein Zigarettenpäckchen, warf es weg und hat seitdem keine Zigarette mehr angerührt. Sein Selbstbild und seine Selbstachtung haben es nicht mehr zugelassen.

Dominiques guter Grund: Freiheitsberaubung

Dominique ist Sekretärin und braucht das Rauchen aus zwei Gründen. Der eine Grund besteht im sozialen Bereich, denn in der Raucherecke trifft sich an ihrem Arbeitsplatz eine altbekannte Truppe, das Fähnlein der sieben Aufrechten, wie sie sich nennen. In der Raucherecke findet Dominique Geborgenheit, Vertrauen und Zusammenhalt. «Wenn ich mir vorstelle, dort nicht mehr hingehen zu können, fühle ich mich vereinsamt, das ist ausgeschlossen. Und wenn ich dort auftauche und nicht rauche, dann gibt es 100 komische Bemerkungen, auch keine reine Freude für mich.» Der zweite Grund fürs Rauchen ist das abendliche Ritual der Entspannung. «Ich komme nach Hause und das Glas Rotwein und die Zigarette sind dabei, wenn ich die Füße hochlege und mich auf den Feierabend vorbereite. Nicht auszudenken, wie ich in der Wohnung herumtigere, wenn ich nicht mehr rauchen darf.» Der gute Grund von Dominique tauchte auf, als ihre Tante, deren Ehemann vor einiger Zeit gestorben war, sie fragte, ob Dominique nicht Lust habe, sie auf eine Reise nach Südindien zu einer Ayurveda-Kur zu begleiten. Die Tante würde sie einladen für den Flug und das Hotel, denn sie wollte nicht alleine unterwegs sein. Ein attraktives Angebot! Mit einem Haken: Der Flug nach Indien dauert $9^{1}/_{2}$ Stunden. Und im Flugzeug darf nicht geraucht werden. $9^{1}/_{2}$ Stunden ohne zu rauchen. Das machte Dominique regelrecht Angst und löste mulmige Gefühle aus. «Auf einmal wurde mir klar, dass ich als Raucherin in einer Art Gefängnis sitze. Ich kann mich nur da bewegen, wo geraucht werden darf. Ich bin durchs Rauchen unfrei.» Dominique hört nach dieser Einsicht keineswegs sofort auf zu rauchen, sie flog mit der Tante und überstand den Flug irgendwie. Die Freiheitsthematik aber hat sie nie wieder losgelassen und das Rauchen wird von ihr seither aus einem anderen Blickwinkel gesehen.

Stefans guter Grund: Vorbild sein wollen

Stefan hat seinen guten Grund entdeckt vier Wochen bevor seine Frau und er ihr erstes Kind bekommen sollten. Stefan wusste, dass es ein Sohn werden würde. Die letzten Vorbereitungen wurden getroffen und die Tatsache, dass er bald ein echter lebender Papi werden würde, wurde ihm von Tag zu Tag deutlicher. «Es passierte, als wir im Babyland waren, um den Kinderwagen auszusuchen», berichtet Stefan. «Madelaine war drin, um noch nach einer Babydecke zu schauen. Ich ging solange vor die Tür, um eine zu rauchen, denn dieser riesige Laden und die ganze Aussucherei hatten mich echt erschöpft. Ich stand vor der Tür und zündete mir eine an, da kam ein anderer Vater vorbei mit zwei Kindern, an jeder Hand eines. Bald würde ich auch so sein, ging es mir durch den Kopf. Und auf einmal tauchte ein ganz neuer Gedanke auf: Ich möchte nicht, dass mein Sohn einen Suchthaufen zum Vater hat.» Ab diesem Tag gab sich Stefan noch zwei Jahre Zeit, um mit dem Rauchen aufzuhören, denn bis sein Sohn seine Sucht bewusst wahrnehmen konnte, würden ja noch einige Monate vergehen. Aber der gute Grund war vorhanden und behielt seine Wirksamkeit auch in der folgenden Zeit, in der Stefan sich mit den Konsequenzen seiner Einstellungsänderung abmühte.

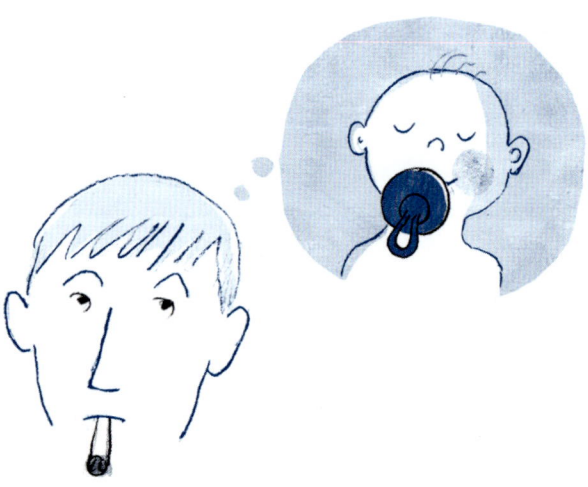

Tanjas guter Grund: geändertes Selbstbild

Tanja war eine klassische Rebellenraucherin. Auch nachdem sie zwei Töchter bekommen hatte, war sie eine «junge» Mutter geblieben. Sie war eine der Mütter, die sich als die beste Freundin ihrer Töchter bezeichnen. Ihre Figur war noch genauso top wie mit 20 Jahren, ihre Töchter und sie gingen oft in denselben Geschäften einkaufen und tauschten ihre Kleidungsstücke auch untereinander. «Eines Tages ging ich mit meinen Töchtern zum Hip-Hop-Open-Air. Dort gab es keinerlei Sitzgelegenheit, es war schlecht organisiert. Mir wurden allmählich die Beine schwer und die brütende Hitze tat ein Übriges dazu. Wir gingen zu dritt zu einem Döner-Stand, um uns eine Limonade zu kaufen. Ich muss echt fertig ausgesehen haben, denn der türkische Standbesitzer gab mir seinen Stuhl und sagte, jetzt solle die Mutti erstmal die Beine hochlegen und sich ausruhen. Diese Situation wird mir nie mehr aus dem Kopf gehen. Es war, als habe man bei mir das Altern eingeläutet. Ich war als Mutti identifiziert worden. Nicht als ältere Schwester, wie es schon so oft der Fall gewesen war. Ich war eine andere Generation.» Mit dieser Erkenntnis begann bei Tanja der Wunsch, ihre Selbstzerstörung zu bremsen und mit ihrer Gesundheit sorgfältiger umzugehen. Bis zum Nichtrauchen war es bei ihr noch ein sehr weiter Weg, denn bei ihr als klassischer Rauchrebellin war das Rauchen auch mit anderen Drogen, mit Alkohol und mit Ekstase verknüpft. Der Beginn ihres neuen Weges jedoch wurde von dem freundlichen Dönermann, der sie als Mutti identifizierte, markiert.

Arbeitsblatt 2

Fünf Gründe, um mit dem Rauchen aufzuhören

Grund 1: ....
....

Stichworte hierzu:

Grund 2: ....
....

Stichworte hierzu:

Grund 3: ....
....

Stichworte hierzu:

Grund 4: ....
....

Stichworte hierzu:

Grund 5: ....
....

Stichworte hierzu:

Rudis guter Grund: Rauchen ist zu teuer

Rudi, ein Künstler aus Augsburg, war ein hingebungsvoller Raucher. Wie viele Künstler konnte er vom Verkauf seiner Bilder alleine nicht leben. Er hatte sich seinen Alltag so eingerichtet, dass er alle vierzehn Tage in einem Altersheim eine Woche Nachtwache hielt und dadurch jeweils zwei Wochen frei hatte, um durchgehend in seinem Atelier zu arbeiten. Mit dieser Lösung war er glücklich, denn sie ermöglichte ihm, sich dem zu widmen, was für ihn seine eigentliche Arbeit war: Bilder zu malen. «Mein Schlüsselerlebnis war der Tag, als die Zigaretten wieder einmal teurer wurden. Ich kann mich an den genauen Preis nicht mehr erinnern, weiß aber noch, dass der Unterschied bedeutend war. Zu der Zeit rauchte ich ein Päckchen am Tag, wenn es intensiv wurde, konnten auch mal zwei daraus werden. Ich habe mich damals hingesetzt und mir ausgerechnet, wie viel Geld ich benötigen würde, um meinen Zigarettenkonsum weiter aufrechtzuerhalten. Dabei kam ein Fehlbetrag von 150 Euro heraus. Diese 150 Euro hatte ich einfach nicht zur Verfügung. Wenn ich hätte weiterrauchen wollen, hätte das bedeutet, mehr Nachtwache zu machen, um das Rauchen zu finanzieren. Das wollte ich nicht. Darum habe ich beschlossen, aufzuhören.»

Neben gesundheitlichen Gründen wie Lungenerkrankungen, bevorstehende Operationen oder Raucherbein erzählten Menschen mir noch von folgenden anderen guten Gründen, das Thema Nichtrauchen ins Leben zu rufen: der Beschaffungsstress, der einen dazu zwingt, immer darüber nachzudenken, ob man auch genug Zigaretten dabei hat oder ob man noch welche kaufen soll. Für Menschen, die sich sportlich betätigen, ist die verminderte Fitness oftmals ein echter guter Grund, der Zigarette abzuschwören. Auch philosophisches Gedankengut kann hilfreich sein. Mein Bruder begann mit dem Rauchen aufzuhören, nachdem er eine Rede des Dalai Lama gehört hatte, der das Rauchen als «Anhaftung» bezeichnete. «Na wenn es sich beim Rauchen nur um so etwas Kleines wie eine Anhaftung handelt, dann kann ich es eigentlich genauso gut bleiben lassen», dachte er sich, kämpfte noch vier Wochen mit alten Gewohnheiten, nahm fünf Kilogramm zu, kaufte sich größere Hosen und vergaß das Thema Rauchen für immer.

Wenn Sie selbst versuchen wollen, die guten Gründe fürs Nichtrauchen zu untersuchen, sollten sie zunächst eine Vielfalt erzeugen. Schreiben Sie fünf gute Gründe auf, die dafür sprechen, das Rauchen mit anderen Augen zu sehen.

Diese Vielfalt ist deswegen nötig, um eine Auswahl zu haben, die mit Hilfe des Unbewussten anschließend ausgewertet werden kann. Auch wenn Sie bereits einen superguten Grund gefunden haben, von dem Kaliber wie die, die ich in den Beispielen dargestellt habe, versuchen Sie trotzdem, fünf Gründe zu generieren, manchmal kann so ein kreativer Prozess auch bei scheinbar geklärten Themen noch Überraschungen bereit halten.

7 Mit dem Rauchen aufhören

Rauchen aufhören: erster Versuch

Mein guter Grund war also gefunden in Gestalt von Camilla Parker Bowles und ich hatte den Plan, das Rauchen aufzugeben. Wenn man mit dem Rauchen aufhören möchte, gibt es zwei Möglichkeiten: die Sofort-von-heute-auf-morgen-Methode oder die langsamere Schritt-für-Schritt-Variante. Was die langsame Variante betraf, so traute ich mir selbst dabei nicht über den Weg, denn ich hatte die Sorge, dass diese Wahl nur ein kläglicher Versuch meinerseits sei, das Nichtrauchen hinauszuzögern – eine Art billiger Selbstbetrug. Darum begann ich mit der Sofort-Methode. Ich wählte dazu eine ähnliche Situation wie Urs, der Fliesenleger, denn ich kenne einige Menschen, die nach einer erkältungsbedingten Abstinenz einfach nicht wieder mit dem Rauchen angefangen haben und auf diese Art Nichtraucher geworden sind.

Meine alljährliche Erkältung kam pünktlich, die Halsschmerzen ebenfalls, das Rauchen schmeckte nicht. Ich rauchte ohne Probleme krankheitshalber drei Tage nicht, die Halsschmerzen vergingen, ich war wieder gesund. Ich rauchte weiterhin nicht. Mein erster gesunder Tag im Büro ohne Zigarette verlief ziemlich gut, bis ich einen Anruf von der Kostenstelle bekam, die mich auf einen Abrechnungsfehler hinwies, der mich eine beträchtliche Summe kosten würde. Stress. Ich rauchte nicht, aber die Zigarette fehlte mir. Am Feierabend bestieg ich wie üblich den Zug von Zürich nach Schaffhausen. Normalerweise setzte ich mich ins Raucherabteil, man kannte sich da schon, es waren immer dieselben Gesichter, so eine Art Pendler-Feierabend-Club. Ich rauchte ja nicht, darum setzte ich mich zu den Nichtrauchern. Unbekannte Gesichter und irgendwie alle so gesund und vernünftig. Langweilig und schal. Ich kam mir vor wie eine Frührentnerin. Im Raucherabteil, das man durch eine Glasscheibe beobachten konnte, qualmte es gemütlich. Ich saß elend auf dem Trockenen. Aber ich hielt durch.

Zu Hause angekommen wurde es am schlimmsten. Ich trank ein Glas Rotwein und die Zigarette dazu fehlte mir ganz fürchterlich. Das Vergnügen war halbiert. Beim Gespräch mit meinem Mann wusste ich nicht, wohin mit meinen Händen. Ich war nervös und gereizt. Das hielt ich drei Tage durch. Am Abend des vierten Tages bestiegen meine Beine wieder das Raucherabteil im Zug, weil ich selbst ja keine Zigaretten mehr hatte, fragte ich einen Bruder im Geiste nach einer, die ich bereitwillig erhielt, und war wieder ein lebendiger, vollständiger Mensch.

Mir war klar, dass die Sofort-Methode bei mir niemals funktionieren würde, denn ich fühlte mich dabei in meiner kompletten Identität bedroht. Von meinem Lebensgefühl her, hatte das Nichtrauchen mit dem Lebensende viel mehr zu tun als das Rauchen. Logisch ist das nicht, ich weiß, aber das Unbewusste ist eben nicht an Logik gebunden. Eine ähnliche Beschreibung erhielt ich kürzlich von einer Seminarteilnehmerin. Sie hatte beschlossen mit dem Rauchen aufzuhören, und sich dazu bei einer Akupunktur-Ärztin angemeldet. Sie beschrieb, dass sie die Tage vor dem Akupunktur-Termin die doppelte Menge geraucht habe, auf Vorrat sozusagen, und dass sie sich gefühlt habe, als handele es sich bei diesem Termin um eine Verabredung mit EXIT oder Dignitas.

Aus psychologischer Sicht, aus der Perspektive des Unbewussten, wird in der Tat etwas symbolisch zum Sterben begleitet, ein Persönlichkeitsanteil nämlich. Der Persönlichkeitsanteil, der das Rauchen großartig fand, wird von einer Sekunde auf die andere in Rente geschickt oder für unbedeutend erklärt. Aus der Sicht des Unbewussten ein Meuchelmord. Viele Rauchende, die mit der Sofort-Methode aufhören, beschreiben eine lange Zeit der Qual und der inneren Kämpfe. Diese Kämpfe sind – metaphorisch gesprochen – die Überlebenskämpfe der Rauch-Persönlichkeit.

Ich füge an dieser Stelle zwei Textauszüge aus einer Publikation zum Nichtrauchen ein, damit deutlich wird, was ich mit dem Sterben der Rauch-Persönlichkeit meine (DE CORBAN, 2004). Es handelt sich um eine Art Kummerkasten, bei dem Nichtraucher in spe ihre Sorgen schildern können und ein Arzt ihnen gute Tipps gibt.

Wohlgemerkt! Die Arzt-Antworten sind aus der Sicht des Verstandes sachlich völlig richtig und gut. Ich selbst esse jeden morgen warmen Brei mit Kompott und liebe inzwischen dieses Frühstück, es bekommt mir viel

Raucherin-Frage: Es ist mir eine liebe Gewohnheit, nach dem Essen einen heißen, frischen Espresso zu trinken und dazu selbstverständlich eine Zigarette anzuzünden. Diese Vollendung der Mahlzeit ist für mich seit Jahr und Tag die Krönung. Jetzt habe ich den Vorsatz gefasst, mit dem Rauchen aufzuhören, doch allein der Gedanke an die «Leere» nach dem Essen macht mich nervös, und ich befürchte, dass just dann der Verzicht auf die Zigi zum Stolperstein meiner Pläne wird, oder kann ich mich selbst überlisten?

Arzt-Antwort: Ändern Sie Ihren Lebensstil und machen Sie es sich zur Gewohnheit, nach dem Essen einen Grüntee zu brauen ... alternativ: Schälen Sie sich stattdessen langsam und bedächtig einen Apfel, zerlegen Sie ihn in Schnitze und freuen Sie sich danach über das grandiose Gefühl: Ich hab's schon wieder geschafft!

Raucher-Frage: Mein Tag fängt normalerweise mit einer Tasse Kaffee und einer Zigarette an ... Wenn ich nun die Zigarette weglasse, wird mir auch der Kaffee nur noch halb so gut schmecken. Wie soll ich dann noch lustvoll einen strengen Arbeitstag in Angriff nehmen?

Ärztin-Antwort: ... Optimal wäre ein warmes Frühstück aus gekochtem Getreide und etwas Früchtekompott ... Sie können den Brei auch am Vorabend zubereiten und ihn dann nur noch dem gedünsteten Obst beigeben. Sie können Hirse oder Haferflocken verwenden, können Zimt oder Nüsse dazugeben, ganz nach Ihren Vorlieben.

besser als die frühere Kaffee-Zigi-Variante. Das weiß ich heute. Wenn man mir jedoch damals, bei meinem ersten Versuch mit dem Rauchen aufzuhören, in Aussicht gestellt hätte, dass mein Leben «danach» aus Grüntee, Getreidebrei und der bedächtigen Herstellung von Apfelschnitzen bestehen würde, dann hätte mein Unbewusstes damit das Altersheim assoziiert und mit Sicherheit ein energisches Veto eingelegt. Ich wollte ja nur aufhören zu rauchen, ich wollte ja nicht gleich eine Heilige werden.

Weil ich selbst Psychologin bin, wurde mir nach dem ersten Versuch klar, dass es für mich niemals in Frage kommen würde, mit der Sofort-Methode zu arbeiten. Ich hatte keine Lust auf mehrwöchige Qualen. Außerdem war mir zuviel über die Arbeitsweise des Unbewussten bekannt, als dass ich es bei meiner Sammlung von Assoziationen für aussichtsreich hätte halten können, meine Rauch-Persönlichkeit zu opfern und mich damit erfolgreich zum Nichtrauchen zu zwingen. Die Folgerung war klar: Ich musste nach einer Methode Ausschau halten, die *mit* dem Unbewussten und nicht *gegen* das Unbewusste funktioniert.

Rauchen aufhören:
zweiter Versuch mit dem Unbewussten

Im Lauf meiner Therapieausbildung habe ich mich auch mit Hypnose beschäftigt und halte sehr viel von dieser Methode, das Unbewusste themenspezifisch und zielgerichtet zu beeinflussen. Weil ich keine Zeit für Hypnose-Sitzungen während des Tages hatte, kaufte ich mir eine Serie von Nichtraucher-CDs von einer ausgewiesenen Expertin. Diese CDs waren technisch brillant gemacht. Sie waren so angelegt, dass man sie vor dem Einschlafen hören konnte, um die Suggestionen dann die Nacht hindurch unbewusst arbeiten zu lassen. Die CDs enthielten Suggestionen, die das Nichtrauchen betrafen und anschließend einen wunderbaren Text, der direkt zum Einschlafen überleitete. Man musste nur noch die Kopfhörer abstreifen und konnte direkt danach ins Reich der Träume gleiten.

Die Idee, auf der die Trance-Texte aufbauten, war die, zum Thema «Rauchen» abstoßende innere Bilder zu erzeugen und zum Thema «Nichtrauchen» attraktive innere Bilder. Auf diese Weise sollte allmählich eine emotionale Neubewertung herbeigeführt werden. In der Sprache der Verhaltenstherapie spricht man auch von «Konditionierung». Das Rauchen sollte an unangenehme Assoziationen gekoppelt werden, so dass man instinktiv, *mit* dem Okay des Unbewussten, allmählich eine Aversion gegen das Rauchen entwickelte.

Die negativen Bilder waren sehr eindrücklich. «Sie befinden sich in einem Bunker, in einem kleinen, engen Raum ohne Fenster, der gefüllt ist

mit Zigarettenqualm ... Ihre Augen tränen, Ihr Hals kratzt, Sie sehnen sich nach frischer Luft ...» zum Fürchten. Auf einer anderen CD wurde man in der Imagination über einen Krankenhausflur geleitet, der mit beinamputierten ehemaligen Rauchern besiedelt war. «Sie riechen den Geruch von Krankenhaus und sehen die gelbliche Farbe des Linoleums. Die Gesichter der Kranken sind fahl und drücken Hoffnungslosigkeit aus. Ihnen wird übel und Sie sehnen sich nach einer fröhlichen, gesunden Umgebung.» Igitt. Nachdem auf diese Weise ein gehöriger Ekel vor dem Rauchen induziert worden war, wechselte das Bild und man wurde an einen Bergsee geführt oder auf eine duftende Sommerwiese, wo man mit vollen Lungen die süße, gute Luft genießen konnte.

Die CDs funktionierten bei mir ziemlich gut. Ich wurde negativ konditioniert, denn die üblen Rauch-Imaginationen konnten einem wirklich die Freude komplett verderben. Bloß das Ziel der negativen Konditionierung war nicht wunschgemäß. Mein Unbewusstes begann zwar, eine deutliche Abneigung zu entwickeln. Jedoch nicht gegen das Rauchen sondern – man ahnt es leicht – gegen die CDs. «Muss ich mir das vor dem Schlafengehen wirklich antun, diese abscheulichen Imaginationen?», war die Frage, die sich immer klarer in mein Bewusstsein schlich. Ich begann des Öfteren, die CDs zu vergessen, sie rutschten neben dem Bett weiter nach hinten in die Gammelecke und irgendwann beim Frühjahrsputz fand ich sie wieder, mit einer dicken Staubschicht bedeckt. Seitdem ruhen sie in Frieden in meinem Bücherregal, ich habe sie dort aufgehoben, aus Sentimentalität.

Rauchen aufhören, dritter Versuch: eigene Selbstmanagement-Methode

Zusammen mit meinem Kollegen Frank Krause habe ich ein Selbstmanagement-Training entwickelt. Ein wesentliches Merkmal ist der lustvolle Einbezug des Unbewussten in die angestrebte Handlungssteuerung, das heißt, wir zeigen den Teilnehmenden, wie sie ihr Verhalten mit Hilfe des Unbewussten verändern können, ohne dass dazu Zwang, Disziplin und Selbstkontrolle nötig sind (STORCH & KRAUSE, 2007). Das

Training heißt das Zürcher Ressourcen-Modell ZRM (www.zrm.ch). Möglich ist dies, weil es mittlerweile eine neue Generation von Motivationspsychologie gibt, die sich damit befasst, wie mit Hilfe von unbewusster Informationsverarbeitung eine gewünschte Verhaltens- und Handlungsweise gezielt erzeugt werden kann. Bewusste Verstandesabsicht und unbewusste Bewertung werden so koordiniert und synchronisiert, dass die erwünschten Handlungen mühelos, automatisch und in den besten Fällen sogar noch lustvoll ausgeführt werden können. Klingt toll, nicht? Ist es auch. Es ermöglicht, Gewohnheiten ohne Zwang und Qual zu verändern. Es heißt aber nicht, das es ganz von alleine geht. Etwas Arbeit und Selbstreflexion braucht es schon.

Wir verwenden dieses Training für Themen aller Art, angefangen vom nicht aufgeräumten Schreibtisch über Stressbewältigung beim Flirten oder bei Vorträgen, Motivation von Mitarbeitenden und sich selbst, bis zum Lerncoaching bei Hausaufgaben in der Schule.

Während ich mir den Kopf zerbrach über eine Methode, die mir ohne Qual mit Hilfe des Unbewussten das Nichtrauchen ermöglichen könnte, hörte eine meiner damaligen Studentinnen, Susanne Benz, mit dem Rauchen auf. Sie war auf die Idee gekommen, das Zürcher Ressourcen-Modell anzuwenden, um mit dem Rauchen aufzuhören. Und es hat funktioniert. Ohne Zwang, ohne Qual. Ihr habe ich es zu verdanken, dass ich selbst auf die umwerfende Idee gekommen bin, meine eigene Methode auf mich selbst anzuwenden, um mich zur Nichtraucherin zu machen. Inzwischen haben wir das ZRM-Training so weiterentwickelt, dass es eine Variante gibt, die auf die speziellen Themen von Raucherinnen und Rauchern zugeschnitten ist. Diese Methode bezieht sich ausschließlich auf den psychologischen Aspekt des Rauchens und die Motivation, nicht auf den körperlichen Entzug. Für viele Menschen ist es jedoch gerade die psychologische Seite, die ihnen Probleme macht, und sie wünschen sich Hilfestellung für die langen Wochen und Monate ohne Zigarette. Von dem Vorgehen, das wir hierfür entwickelt haben, werde ich nun erzählen.

Das Unbewusste ins Boot holen

Wenn man das Unbewusste lustvoll mit ins Boot holen will, muss zunächst das Problem identifiziert werden, welches das Unbewusste mit der Nichtraucherthematik hat. Denn solange im Unbewussten zwischen Rauchen und Nichtrauchen ein Konflikt besteht, kann Nichtrauchen nur mit innerem Zwang erfolgen und damit sind wir wieder bei der Qual, die es ja zu vermeiden gilt. Das Identifizieren des Konfliktes zwischen Rauchen und Nichtrauchen kann man für sich alleine mit folgender Übung machen. Auf den nächsten beiden Seiten finden sich zwei Arbeitsblätter. Mit Arbeitsblatt Nr. 3 arbeiten Sie weiter mit den Gründen, zu rauchen, mit Arbeitsblatt 4 mit den guten Gründen, mit dem Rauchen aufzuhören. Auf den Arbeitsblättern 1 und 2 haben Sie ja schon zusammengetragen, welche Gründe Sie jeweils haben.

Das weitere Vorgehen beginnt mit ein wenig Bastelei. Wenn die zwei Gründelisten fertiggestellt wurden, dann schreibt man jeden Grund der beiden Listen auf ein kleines Stück Papier, bis man so viele Papierschnipsel hat wie Gründe. Was man benötigt, sind zwei Häuflein Gründeschnipsel, eines mit Gründen für das Rauchen, eines mit Gründen für das Nichtrauchen.

Diese Schnipsel werden dann in konzentrischer Anordnung auf die Arbeitsblätter 3 und 4 gelegt. In der Mitte dieser Arbeitsblätter ist ein Kreis eingezeichnet, der das «Ich» kennzeichnet. Drumherum ist ein großer Kreis gezeichnet, der das «Ich-Ferne» kennzeichnet. Die Aufgabe besteht nun darin, die Papierschnipsel mit den Gründen in den Raum zwischen den beiden Kreisen einzuordnen und zwar nach der gefühlsmäßigen Bedeutung, die die Gründe für das eigene Ich haben. Mit anderen Worten: Je wichtiger ein Grund gefühlsmäßig für Sie ist, desto näher wird er an den inneren Kreis mit dem «Ich» gelegt. Diese Arbeit soll *nicht* mit dem Verstand, sondern rein gefühlsmäßig vorgenommen werden. Manchen Menschen hilft die Vorstellung, dass der Ich-Kreis in der Mitte einen Magneten darstellt, der die Gründe, je nachdem, wie nah oder fern sie einem sind, anzieht beziehungsweise abstößt.

Arbeitsblatt 3

Gute Gründe für das Rauchen

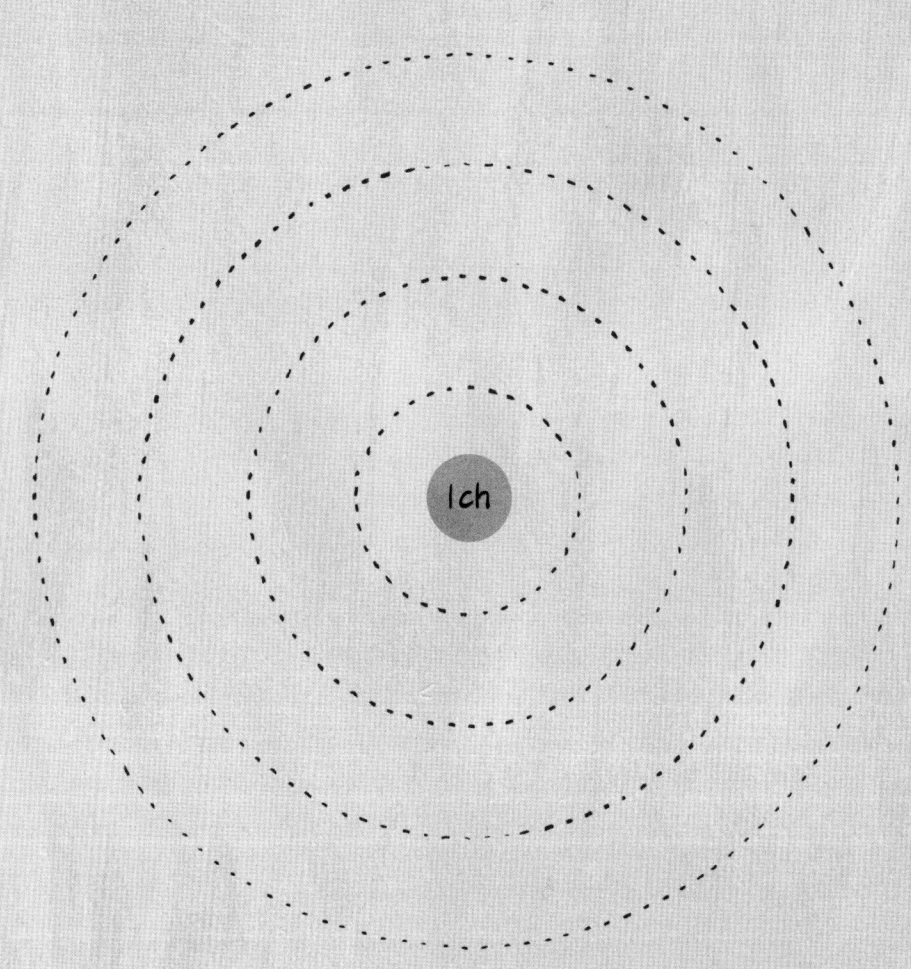

Arbeitsblatt 4

Gute Gründe für das Nichtrauchen

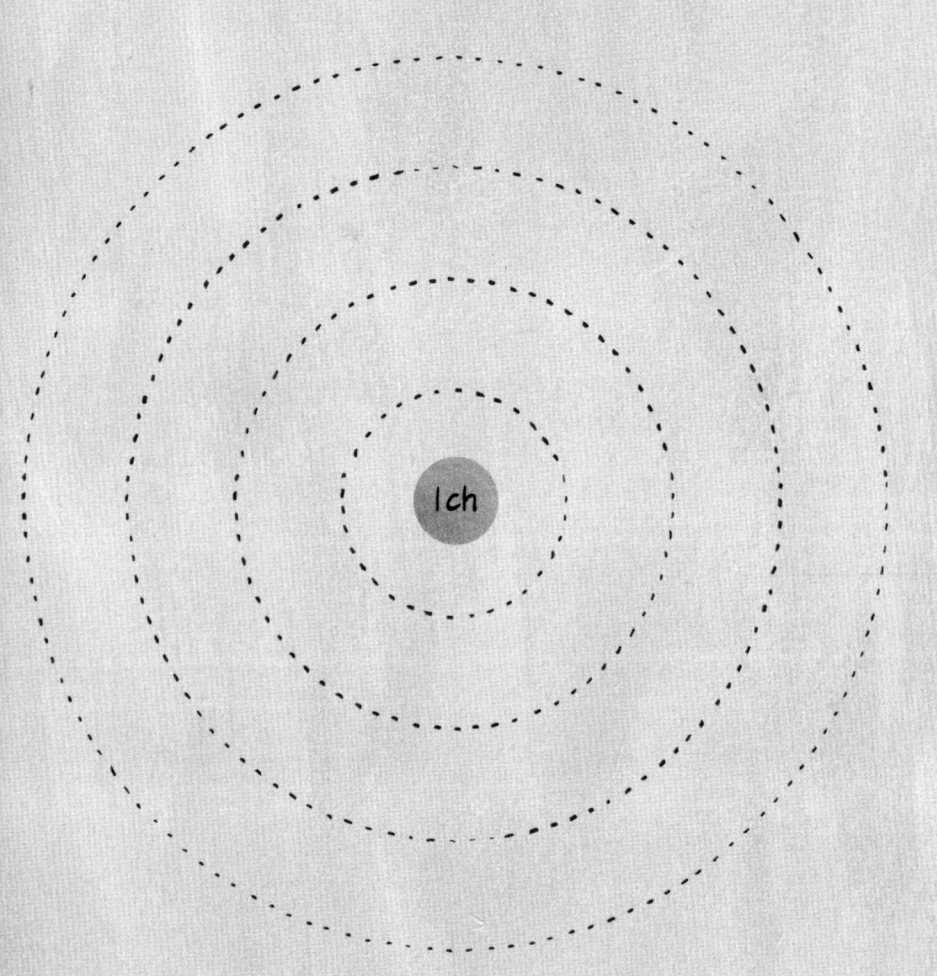

Warum wird diese Aufgabe so umständlich mit Papierschnipseln in einem Kreis durchgeführt? Weil durch diese Anordnung das Unbewusste aktiviert wird. Man könnte die Gründeliste auch in einer zweispaltigen Tabelle nach nah/fern sortieren. Allein durch die Optik der Tabelle wird jedoch ein Informationsverarbeitungsprozess gestartet, der verstandesmäßig arbeitet. Bei der Arbeit, die im Rahmen des ZRM-Modells geschieht, ist aber die Einschätzung des Unbewussten gefragt. Durch das handwerkliche, sinnenbezogene Vorgehen mit den Papierschnipseln in der Kreisfläche startet das Unbewusste. Wichtig ist bei dieser Übung, dass Sie mit den Gründen auf den Papierschnipseln spielen und schauen, wie sie sich zueinander verhalten, das kann richtig dynamisch werden. Wenn man das Gefühl hat, die Gründe liegen richtig, dann – erst dann – kann man die Anordnung der Gründe in das Arbeitsblatt eintragen. Wenn man zu früh mit dem Eintragen anfängt, stört man unter Umständen die sich entwickelnde Dynamik. Sie können sich für diese Aufgabe ruhig fünf bis zehn Minuten Zeit nehmen.

8 Motivkonflikte

Wenn die beiden Arbeitsblätter fertig ausgefüllt sind, kann man schauen, welcher Grund jeweils am dichtesten am Ich-Kreis liegt. Man hat dann einen zentralen Grund für das Rauchen und einen zentralen Grund für das Aufhören. Damit hat man die grundlegende Motivstruktur identifiziert und kann schauen, wie diese beiden Gründe miteinander harmonieren – oder eben nicht harmonieren, sonst würden Sie wahrscheinlich dieses Buch nicht lesen. Als ich selbst mit der Gründeliste arbeitete, war mein wichtigster Grund für das Rauchen derjenige, den ich «Rauchrebellin» genannt hatte. Mit dem Wort Rauchrebellin hatte ich für mich all das zusammengefasst, was ich in den ersten Kapiteln beschrieben habe. Die Freiheit, das Wilde, die Unabhängigkeit von Modetrends. Mein höchstes Gut, ein wesentlicher Teil dessen, was meine Identität und mein Selbstbild ausmacht. Bei den Gründen mit dem Rauchen aufzuhören, war für mich der wichtigste Grund der mit der schönen Haut, den ich ebenfalls schon erläutert habe.

> Rauchen → Rauchrebellin
> Rauchen aufhören → schöne Haut

Diese beiden Themen galt es zu koordinieren. Das war nicht so einfach. Denn zunächst sah es so aus, dass ich, um zu einer schönen Haut zu kommen, die Rauchrebellin opfern musste, schöne Haut bekommt man ja nur, wenn man nicht mehr raucht. Die Rauchrebellin war jedoch nicht im allergeringsten bereit, auf den Scheiterhaufen zu gehen. In den Worten der Motivationspsychologie: Ich hatte einen handfesten Motivkonflikt.
Auch Michael, der Informatiker, verzeichnete einen Motivkonflikt. Er hatte als Hauptgrund für das Weiterrauchen angegeben, den Stress damit abbauen zu können. Der Hauptgrund für das Aufhören bestand in dem Motiv, innere Freiheit zu erlangen.

Rauchen → Stressabbau
Rauchen aufhören → Freiheit

Die beiden Gründe harmonierten nicht miteinander. Denn wenn er die Freiheit wählte, hatte er kein Instrument mehr zum Stressabbau, so die Logik seines Unbewussten.

Bei Sabine, der Fitnesstrainerin sah die Bilanz auch konflikthaft aus.

Rauchen → Rückzug/Ruhe
Rauchen aufhören → neues Selbstbild

Sie hatte den starken Wunsch, im Kontext ihres gesundheitsorientierten Berufs das Rauchen aus ihrem Leben zu verabschieden. Aber die Möglichkeit des Rückzugs, der Erholung und der Beruhigung, die ihr das Rauchen gab, war ein großer Schatz, der in heftigem Konflikt mit dem Wunsch nach einem neuen Selbstbild stand.

Motivkonflikte entfalten ihre störende Kraft dadurch, dass es vordergründig so aussieht, als gäbe es nur eine Lösung nach dem Entweder-oder-Schema. In der Schweiz gibt es das Sprichwort: Man kann nicht «de Foifer und 's Weggli» haben. Aus der Sicht des Verstandes stimmt diese Logik des Entweder-oder. Wenn man versucht, solch einen Motivkonflikt mit dem Verstand zu lösen, wird immer ein Motiv geopfert, das dann mit innerer Kontrolle, Zwang und Selbstdisziplin mühsam unterdrückt und lebenslang gebremst werden muss. Das ist die motivationspsychologische Basis für die Qualvarianten der Rauch-Entwöhnung, die darauf beruhen, dass das Nichtrauchen nur um den Preis geopferter Motive gelingt. Zum Glück arbeitet das Unbewusste nicht nach der binären Logik des Verstandes. Für das Unbewusste existiert die Möglichkeit eines Sowohl-als-auch und im Unbewussten kann jeder Mensch «de Foifer und 's Weggli» haben.

Die amerikanische Psychologie-Professorin Susan Harter hat sich damit beschäftigt, wie Identität und Selbsterleben, also die Art, wie man sich selber wahrnimmt, in der menschlichen Psyche aufgebaut sind. Sie hat ihre Erkenntnisse aus der Beobachtung von Jugendlichen gewonnen, und zwar aus der Art und Weise, wie Jugendliche im Zuge ihrer Entwicklung mit widersprüchlichen Facetten ihrer Persönlichkeit umzu-

gehen lernen und so allmählich zu einer reifen Persönlichkeit werden. Aus den Beobachtungen von Susan Harter kann man interessante Dinge über den Umgang mit Motivkonflikten bei rauchenden Menschen ableiten, denn viele der Konflikte, die Rauchende mit sich bereinigen müssen, betreffen letztendlich Aspekte der eigenen Identität.

In der Jugend entsteht durch die altersspezifische Gehirnentwicklung die Fähigkeit, sich selbst zu beobachten und Theorien darüber zu entwickeln, wer man ist. Die Frage lautet: «Wer bin ich?» Es ist die Frage nach der eigenen Identität. Man kann zum Beispiel beobachten, dass man sich in der Familie meistens laut und extrovertiert verhält, während man in einer Gruppe von Gleichaltrigen eher eine Randposition einnimmt und Zurückhaltung übt. Durch Selbstbeobachtung in unterschiedlichen Situationen stellt man manchmal fest, dass das eigene Verhalten nicht unbedingt einheitlich ist. «Wer bin ich in Wirklichkeit?» fragt man sich dann. Bin ich selbstbewusst oder schüchtern? Bin ich schlau oder bin ich dumm? Bin ich hübsch oder bin ich hässlich? Bin ich sportlich oder bin ich ein Couch-Potato?

Auch für viele Erwachsene dürften solche Fragen nach dem eigentlichen Kern ihrer Person nicht unbekannt sein. Im frühen Jugendalter (12 bis 14 Jahre) bleiben solche unterschiedlichen Selbstbeobachtungen voneinander getrennt nebeneinander bestehen. Harter spricht von einer Unfähigkeit, scheinbar widersprüchliche Eigenschaften des Selbst zu integrieren (HARTER, 2003, S. 622). Erst im späten Jugendalter (ab 17 Jahre) entsteht die Fähigkeit, Widersprüche in der eigenen Psyche aufzulösen. Die Auflösung geschieht, so hat Harter beobachtet, durch ein Vorgehen, das sich direkt auf die Lösung von Motivkonflikten übertragen lässt. Die Jugendlichen in der späten Adoleszenz entwickeln nämlich die Fähigkeit zu etwas, das Harter «Higher-Order-Abstractions» (Abstraktionen auf einer höheren Ebene) nennt. Diese Jugendlichen verlassen die Ebene des Entweder-oder und begeben sich auf eine Definitionsstufe, die darüber liegt. Von hier aus kann man das eigene Verhalten von einer neuen Warte aus sehen. Das, was auf der unteren Stufe wie ein Gegensatz wirkt, kann auf der höheren Stufe zu einer Einheit zusammengefasst werden. Statt Entweder-oder gilt jetzt Sowohl-als-auch. Dieser Wechsel der Betrachtungsebenen und das Finden einer neuen Einheit von einer anderen Warte aus ist ein kreativer und schöpferischer Akt. Die eigene Identität wird neu erfunden. Als geglückt gilt die neue Identitäts-Definition dann, wenn sie ein gutes Gefühl der Einheit und der Passung auslöst. Dieses Gefühl habe ich an anderer Stelle das «Identitätsgefühl» genannt (STORCH & RIEDENER, 2004). Im Kapitel 9 beschreibe ich dieses Gefühl genauer; von der Reihenfolge her ist es zunächst erforderlich, den Unterschied zwischen der Entweder-oder-Ebene und der Sowohl-als-auch-Ebene genauer zu betrachten.

Die Entweder-oder-Beobachtung eines jungen Mädchens, das in der einen Situation eher extrovertiert reagiert und im Mittelpunkt der Gruppe steht, während es in einer anderen Situation lieber introvertiert im Hintergrund des Geschehens bleibt, kann zum Beispiel auf der Sowohl-als-auch-Ebene durch die neue Selbstbeschreibung «Ich bin spontan und kann mich gut auf verschiedene Situationen einstellen» aufgelöst werden. Abb.2

Warum lässt sich das Modell von Susan Harter für die Lösung von Motivkonflikten verwenden? Weil es auch bei der erfolgreichen Lösung von Motivkonflikten darum geht, Unvereinbares irgendwie in Harmonie zu

Abb. 2 Ebenen der Identitäts-Definition

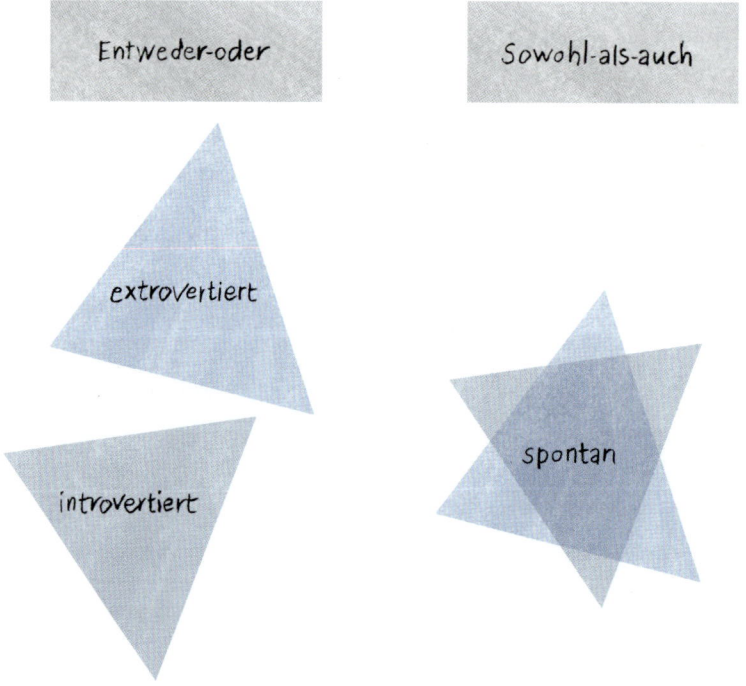

bringen. Wenn Menschen sich mit Motivkonflikten herumschlagen, haben sie immer verschiedene Möglichkeiten zur Auswahl, von denen keine eindeutig positiv ist. Es gibt diesbezüglich drei Formen von Konflikten.

Erste Möglichkeit: Der Konflikt liegt darin, dass beide Varianten Vor- und Nachteile haben, so dass sich keine eindeutig bessere ergibt. Im Fall meines Bruders Johannes war dies der Fall. Auf der Entweder-oder-Ebene hat er sich seit geraumer Zeit mit der Frage «Rauchen oder Rauchen aufhören» herumgeschlagen. Beide Varianten hatten Vorteile und Nachteile. Rauchen war zwar ungesund (−), aber es brachte Genuss, vor allem in den Arbeitspausen, verbunden mit einem Kaffee (+). Rauchen aufhören war gesund (+), aber der Genuss war weg und Entzugs-Qual drohte am Horizont (−). Die buddhistische Idee, dass das Rauchen nur eine Anhaftung sei und dass es darum ganz und gar überflüssig ist, einen Konflikt überhaupt zu haben, hat es ihm ermöglicht, sich vom Rauchen zu verabschieden. Abb. 3

Abb. 3 Motivkonflikt: Beispiel 1

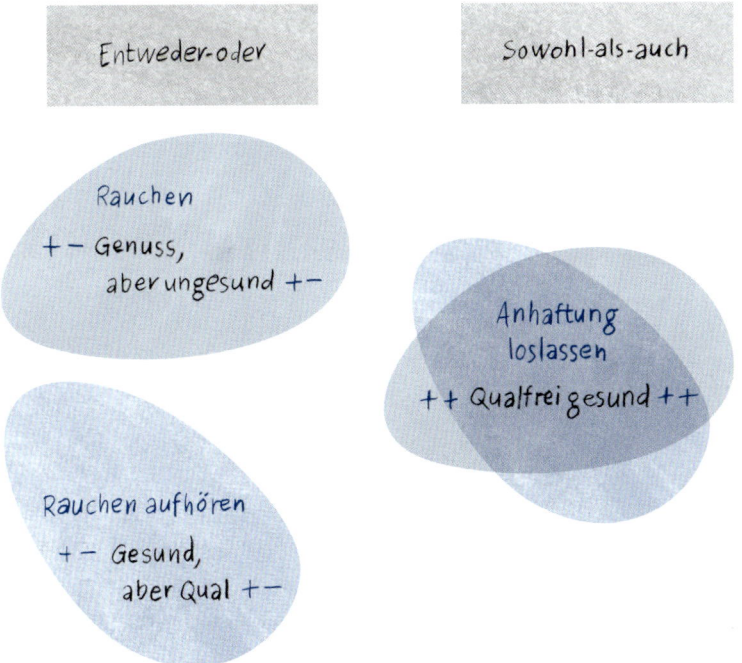

Urs' Motivstruktur zum Rauchthema zeigt die zweite Möglichkeit eines Motivkonfliktes. Die Lösung, die sich Urs, dem Fliesenleger aufgedrängt hat, lässt sich aber ebenfalls in die Form des Wechsels auf eine andere Ebene beschreiben. Urs hatte bisher einfach keinen guten Grund gefunden, mit dem Rauchen aufzuhören. Auch die Idee, auf die eigene Gesundheit zu achten, war für ihn nicht positiv besetzt, sondern fiel in die Kategorie Verweichlichung. Zur Erinnerung: Bei Urs war das Rauchen an Handwerker-Stolz gekoppelt: «Auf Baustellen wird geraucht!» Es hatte bei ihm etwas mit EHRE als RECHTER MANN zu tun und dem Identitätsaspekt, ein schmerzunempfindlicher, hartgesottener Bursche (++) zu sein. Nicht-rauchen wurde von seinem Unbewussten als das schlichte Gegenteil eines echten Mannsbildes und damit als nicht erstrebenswert (–) gesehen. Die neue

Abb. 4 Motivkonflikt: Beispiel 2

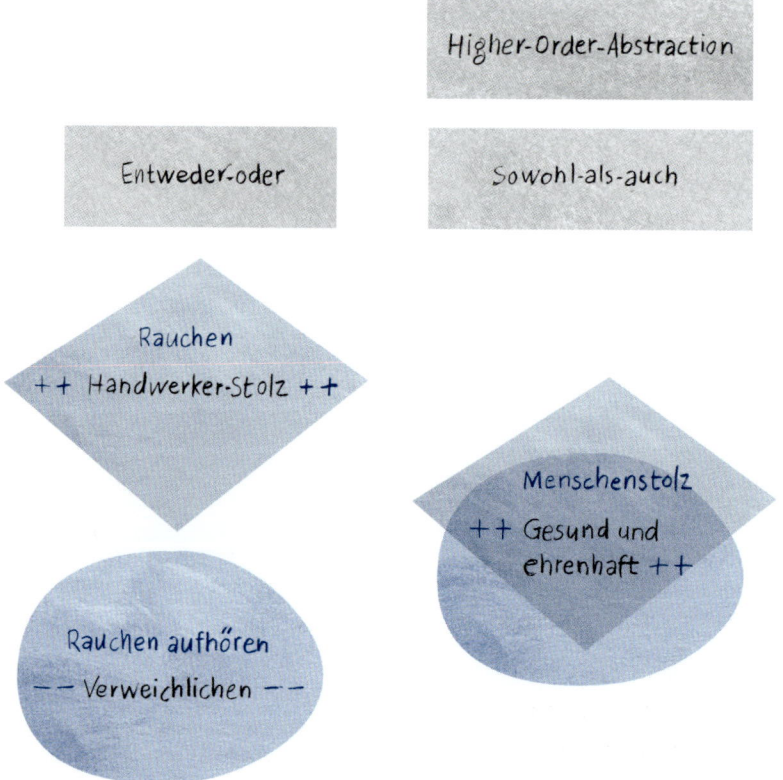

Motivkonflikte

Sicht, die ihm in seiner Schlüsselsituation im Schneetreiben schlagartig zu Bewusstsein kam, signalisierte den Wechsel auf eine andere Ebene. Die gesamte Situation wurde als demütigend erlebt und hierdurch ergab sich eine neue, bisher unbekannte Bewertungskategorie für Urs. Man kann sie «Menschen-Stolz» nennen, in Unterscheidung zur alten Kategorie des «Handwerker-Stolzes». **Abb. 4**

Die dritte Form des Motivkonflikts haben alle diejenigen, die einen guten Grund identifiziert haben, mit dem Rauchen aufzuhören, der eindeutig gut ist (++), sowie einen guten Grund besitzen, mit dem Rauchen fortzufahren, der auch eindeutig gut ist (++). Der Konflikt entsteht dadurch, dass die beiden Gründe selbst nicht miteinander kompatibel sind und sich gegenseitig ausschließen. Dies war bei mir der Fall. In der Psychologie nennt man diesen Konflikttyp den «Annäherungs-Annäherungs-Konflikt». Er entsteht dadurch, dass ich mich zwischen zwei attraktiven Sachen entscheiden muss und die eine Sache verliere, sobald ich mich der anderen Sache zuwende. Dies gilt jedoch glücklicherweise nur, solange ich mich auf der Entweder-oder-Ebene befinde. Und darin liegt die Chance.

Bei mir ergab sich die Lösung durch eine beiläufige Bemerkung, die mein damaliger Chef auf einer Sitzung fallenließ. Er erzählte, dass er beschlossen habe, mit dem Rauchen solange aufzuhören, bis sich durch das Nichtrauchen seine Lebenserwartung statistisch nicht mehr verlängern ließe. Sobald dies der Fall sei, etwa mit 70 Jahren, ziehe er es durchaus in Erwägung, wieder mit dem Rauchen zu beginnen. Er zeichnete sich dadurch aus, dass er zwar nicht rauchte, aber keiner von diesen verbissenen Nichtrauchern war, die über Rauchgestank klagen und anfangen zu hüsteln und zu wedeln, sobald ein Rauchmolekül in die Nähe ihres Riechorgans kommt. Ich spreche hier nicht von den Menschen, die sich gegen Rauchschwaden wehren mit Verweis auf die Gefahren des Passivrauchens. Ich spreche von denen, bei denen man merkt, dass das Thema Nichtrauchen für sie zusätzlich mit Werten belegt ist, die weit über das Gesundheitsthema hinausgehen. So ein Nichtraucher war er nicht und das fand ich sehr sympathisch. Im Gegenteil, manchmal setzte er sich sogar absichtlich neben einen Menschen mit Zigarette und schnupperte am Rauch mit den Worten: «Ach, ich rieche das richtig gerne.»

Beim näheren Nachdenken über seine Variante, mit dem Rauchen umzugehen, belustigte mich zunächst seine streng wissenschaftliche Vorgehensweise, die mit der Wahrscheinlichkeitsrechnung arbeitete. Und irgendwann wurde mir klar, dass er auf der Einstellungsebene gar kein Nichtraucher war, sondern eigentlich ein Raucher, der lediglich aufgrund statistischer Berechnungen eine Rauchpause eingelegt hatte. Als mir dieses Wort einfiel – RAUCHPAUSE – hatte ich ein sehr, sehr gutes Gefühl. Dieses Wort gefiel mir außerordentlich. Es würde mir ermöglichen, weiterhin Rauchrebellin zu bleiben und gleichzeitig etwas für meine Haut zu tun. Eine Rauchpause einlegen. Solange, bis das Hautthema sich erledigt hatte, aus Altersgründen. Und dann, wenn ich runzlig sein würde wie ein alter Boskop-Apfel, dann könnte ich ja weiterrauchen. Meine Lösung in dem Schema von Susan Harter sah so aus: Abb. 5

Abb. 5 Motivkonflikt: Beispiel 3

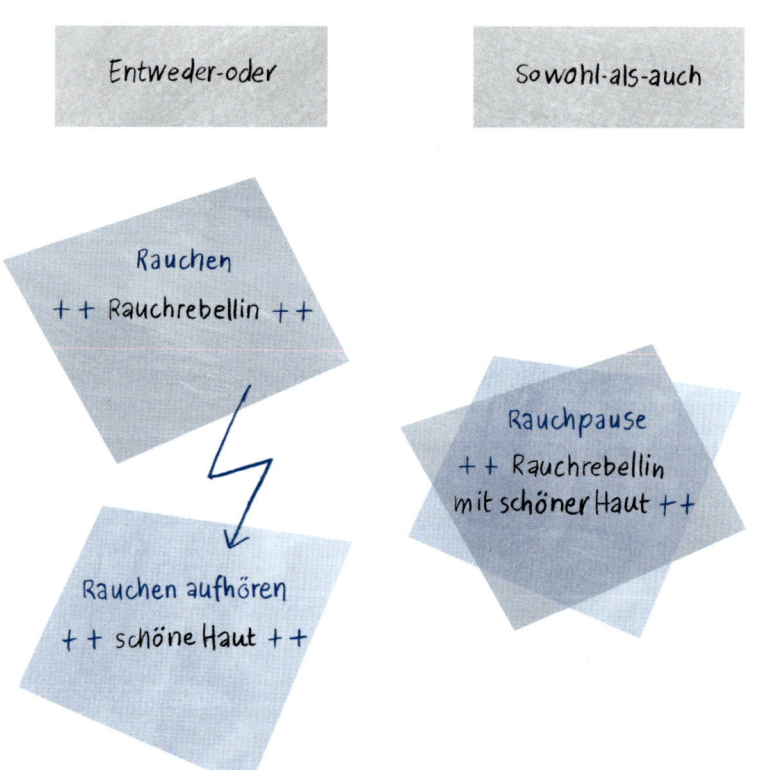

Ich habe nun anhand dreier Beispiele die verschiedenen Arten von Motivkonflikten besprochen, die man bezüglich der Rauchthematik haben kann. Hierbei habe ich auch gezeigt, nach welchem Prinzip die Lösung von Motivkonflikten erzeugt werden kann. Vielleicht gefällt Ihnen selbst eine dieser drei besprochenen Lösungen intuitiv schon sehr gut, weil Ihr Motivkonflikt ähnlich gelagert ist, wie der aus einem der Beispiele. Dann können Sie für sich selbst die Lösung aus einem der Beispiele übernehmen. Wenn dies jedoch noch nicht der Fall ist, kann man sich natürlich auch selbst eine Lösung bauen. Am besten eignet sich hierzu ein ganz einfaches Brainstorming. Bringen Sie Ihren Motivkonflikt in die Entweder-oder-Form und sprechen Sie mit möglichst vielen Menschen darüber, was für eine übergeordnete Sichtweise auf der Sowohl-als-auch-Ebene hilfreich sein könnte. Dann treffen Sie aus den Vorschlägen eine Auswahl, und zwar auf eine ganz bestimmte Art und Weise: Welche Variante auf der Sowohl-als-auch-Ebene für einen Menschen mit einem Motivkonflikt die richtige ist, bestimmt das Unbewusste, nicht der Verstand. Mit Hilfe des Verstandes kann man nach verschiedenen Varianten suchen. Aus der Vielzahl der Varianten aber diejenige herauszufinden, die für die eigene Identität die maßgeschneiderte ist, das ist die Aufgabe des Unbewussten. Es löst diese Aufgabe anhand der somatischen Marker. Was das ist, und wie man damit umgehen kann, um eigene Motivkonflikte zu lösen, davon handelt das nächste Kapitel.

Arbeitsblatt 5

Mein Motivmuster
in der Entweder-oder-Form

Entweder	Oder
....	....
....	....
....	....
....	....
....	....

9 Die somatischen Marker

Wie der Name schon sagt, verläuft die Aktivität des Unbewussten außerhalb der bewussten Wahrnehmung. Wenn man also versucht, wahrzunehmen, was das Unbewusste gerade tut, wird man keine bemerkenswerten Erfolge verzeichnen können. Nun ist in diesem Buch seit vielen Seiten die Rede davon, wie wichtig es ist, bei Entscheidungen, die nachhaltig motivierend wirken sollen, das Unbewusste mit ins Boot zu nehmen. «Wie kann ich etwas mit ins Boot nehmen, von dessen Aktivität ich so gut wie nichts mitbekomme?», mag man verzweifelt fragen. Einen direkten Wahrnehmungs-Zugriff auf das Unbewusste haben wir nicht, das ist richtig. Es besteht jedoch die Möglichkeit, indirekt mit dem Unbewussten zu arbeiten und zwar anhand der Sprache und Signale, die es benutzt. Diese sind nämlich bewusst wahrnehmbar. In der Psychoanalyse interpretiert man zum Beispiel die Träume und versucht, den Bild-Code, den das Unbewusste einsetzt, zu entziffern. Nun kann nicht jeder Mensch, der sich überlegt, ob man die Einstellung zum Rauchen ändern könnte, eine jahrelange Psychoanalyse beginnen, das wäre nicht sehr ökonomisch. Man kann auch ohne Psychoanalyse verstehen lernen, was im Unbewussten vor sich geht, wenn man auf die eigenen somatischen Marker achtet.

Die somatischen Marker sind eine Art Sprache des Unbewussten, die sich als diffuse Gefühle zeigen. Durch somatische Marker teilt das Unbewusste mit, wie es eine Sache einschätzt, somatische Marker sind also Bewertungssignale. Die Bezeichnung «somatische Marker» wurde von dem amerikanischen Hirnforscher Antonio Damasio eingeführt. «Soma» ist das griechische Wort für Körper und mit «Marker» meint Damasio, dass etwas markiert wird. Aus der Sicht der Psychologie müssten diese Signale genauer «somato-emotionale Marker» heißen, denn Menschen nehmen diese Signale sehr unterschiedlich wahr. Manche Menschen reagieren mehr auf der körperlichen Ebene und berichten dann von einem «Bauchgefühl» oder einer «Enge in der Brust». Andere Menschen nehmen dieses Signalsystem eher emotional wahr und erzählen «Ich spüre Wut im Bauch» oder «Die Angst hockt mir im Nacken». Egal, wie man diese somatischen Marker wahrnimmt, es gibt kein Richtig und kein Falsch. Wichtig ist nur, dass man sie wahrnimmt, denn nur dann ist man in der Lage, mit dem eigenen Unbewussten zu kommunizieren.

Das Unbewusste greift bei seinen Bewertungen einerseits auf ererbte Muster (Instinkte) und andererseits auf das emotionale Erfahrungsgedächtnis zurück. Hier werden alle wichtigen Situationen abgespeichert, die das Individuum erlebt hat. Der Speicherprozess beginnt bereits im Uterus – der Hirnforscher Gerhard Roth geht davon aus, dass dies ab der fünften Embryonalwoche der Fall ist. So ergibt sich für jeden von uns ein persönliches, das ganze Leben umfassende Gedächtnissystem. Wichtige Erfahrungen werden hier gespeichert und zusätzlich mit einer Bewertung versehen, einem somatischen Marker. Das Prinzip der Bewertung ist einfach: «Gut gewesen, wieder machen» oder «Schlecht gewesen, bleiben lassen». Dieses System gilt als ein evolutionär entstandenes, erfahrungsbasiertes Überlebenssystem, das Menschen mit den Tieren gemeinsam haben. Es ermöglicht einem Organismus, sich an veränderte Umwelten anzupassen und aufgrund gespeicherten Wissens Hypothesen über bestmögliche Verhaltensweisen zu bilden. Weil dieses System dem Überleben dient, sind die somatischen Marker auch sehr schnell verfügbar: Sie lassen sich innerhalb von 200–300 Millisekunden nachweisen. Wenn man auf eine neue Situation trifft, dann wird das emotionale Erfahrungsgedächtnis nach ähnlichen, bereits erlebten Situationen durchsucht. Ist etwas gefunden, dann sendet das Unbewusste somatische Marker aus, um die dazugehörige Bewertung abzugeben. Deswegen kann man sagen, dass Menschen über die somatischen Marker Zugriff auf ihre gesamte Lebenserfahrung haben.

Am besten kann man sich die Arbeit der somatischen Marker vergegenwärtigen, wenn man an den Moment denkt, in dem man die E-Mails hochstartet. Sobald man auf «empfangen» drückt, erscheint eine Liste der neu eingegangenen Post. Wenn man sich die Liste jetzt durchschaut, ohne die einzelnen Briefe zu öffnen, nur bezüglich der Adresse und des Betreffs, kann man die somatischen Marker beim Arbeiten beobachten. Jede Mail wird sofort durch ein Körpergefühl oder eine Emotion oder eine Mischung

aus beidem kommentiert. Was «sofort» heißt, habe ich schon erwähnt, es ist ein Zeitraum von 200 bis 300 Millisekunden. Also wirklich richtig schnell.

Wie lassen sich diese Signale nun klassifizieren? Hierzu nimmt man in der Wissenschaft meistens ein Schema, das aus zwei Komponenten besteht: Valenz und Intensität. Unter Valenz versteht man die Wertigkeit des Gefühls hinsichtlich der Kategorie positiv oder negativ. Ist das Gefühl gut oder schlecht? Diese Frage zielt auf die Valenz. Unter Intensität versteht man die Stärke des Gefühls, bzw. der Körperempfindung. Ist das Gefühl stark oder schwach? Diese Frage zielt auf die Intensität. Somatische Marker lassen sich also, wenn man sie sichtbar machen will, am einfachsten auf zwei Skalen anordnen, wie sie im Folgenden dargestellt sind. **Abb. 6**

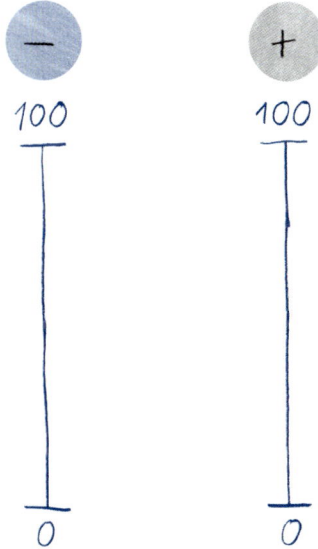

Abb. 6 Somatische Marker

Die Tatsache, dass positive und negative somatische Marker von der Wissenschaft auf zwei getrennten Skalen angesiedelt werden, erstaunt viele Menschen. Meistens stellt man sich in der Alltagssprache nämlich negative Gefühle als das Gegenteil von positiven Gefühlen vor. Die Alltagssicht entspräche ungefähr der folgenden Skala: **Abb. 7**

Abb. 7

Die Skala, die die Alltagssicht wiedergibt, besagt, dass man automatisch in Richtung auf das positive Gefühl wandert, wenn man sich vom negativen Gefühl wegbewegt. Das Gehirn ist aber anders gebaut. Positive und negative Gefühle werden von unterschiedlichen Regelkreisen bearbeitet. Darum ist es auch möglich, gemischte Gefühle zu haben. Um bei dem Beispiel von den E-Mails zu bleiben: Wenn Sie bei sich schon festgestellt haben, dass Sie bei einem Posteingang sowohl ein ängstliches Zucken als auch ein hoffnungsvolles Lächeln empfinden und zwar beides gleichzeitig, dann sind Sie kein unentschiedenes, neurotisches Bündel von Widersprüchen, sondern ein Mensch mit einer ausgeprägt guten Wahrnehmungsfähigkeit für die eigenen somatischen Marker. Es macht die Sache natürlich nicht einfacher, wenn man dringend etwas entscheiden soll und alles, was man feststellen kann, die Tatsache ist, dass man gemischte Gefühle hat. Aber alle weiteren Vorgänge beruhen zunächst einmal auf der Fähigkeit, die Signale des Unbewussten, die in Form somatischer Marker vom bewussten Verstand registriert werden können, deutlich wahrzunehmen und bezüglich ihrer Valenz und Intensität einzuordnen.

Manche Menschen, die erst seit kurzem üben, ihre somatischen Marker wahrzunehmen, sind anfänglich etwas verwirrt, weil sie nicht wissen, ob sie ein Gefühl *denken* oder ob sie es wirklich *fühlen*. «Als ich die Zusage für die Gebietsleitung vor mir liegen sah, hatte ich zuerst ein tolles Triumphgefühl, aber dann tauchte die Sorge auf, dass meine Kollegin neidisch sein könnte. Welches war denn nun der somatische Marker?» Im Zweifelsfall ist der somatische Marker immer das Gefühl, das als erstes auftaucht. Der Verstand schaltet sich dann auch bald zu, das benötigt aber etwa 900 Millisekunden, das heißt also drei- bis viermal so lange. Die *schnellere* Bewertung ist die, die sicher vom Unbewussten kommt. Alles, was später auftaucht, kann bereits durch Verstandestätigkeit «verunreinigt» sein.

Kehren wir nun zurück zu den Motivationskonflikten, die wir mit Hilfe der somatischen Marker lösen möchten. Wenn man nun auf der Suche nach guten Lösungen auf der Sowohl-als-auch-Ebene ist, die einem helfen, einen Knoten in der eigenen Motivstruktur aufzulösen, gelingt dies oft einfacher, wenn man andere Menschen bittet, mit Lösungsideen behilflich zu sein. Diese Technik haben wir im Zürcher Ressourcen-Modell «Ideenkorb» genannt. Sie besteht aus zwei Phasen: Einer Phase, in der Ideen von anderen Menschen gesammelt werden, und einer zweiten Phase, in der die Ideen mithilfe der eigenen somatischen Marker ausgewertet werden. Die Bedingung dafür, dass eine Sowohl-als-auch-Variante für die eigene Motivstruktur als Lösung dienen kann, besteht, was die somatischen Marker betrifft, in folgendem Muster: Abb. 8

Die Idee, mit der man weiter arbeiten kann, muss einen starken positiven somatischen Marker von 70 oder mehr ausweisen. Auf der Skala der negativen Affekte muss eine glatte Null zu verzeichnen sein. An der Lösung muss solange gearbeitet werden, bis diese Bedingung erfüllt ist, andernfalls ist die Motivationslage für die weiteren Arbeitsschritte nicht gegeben.

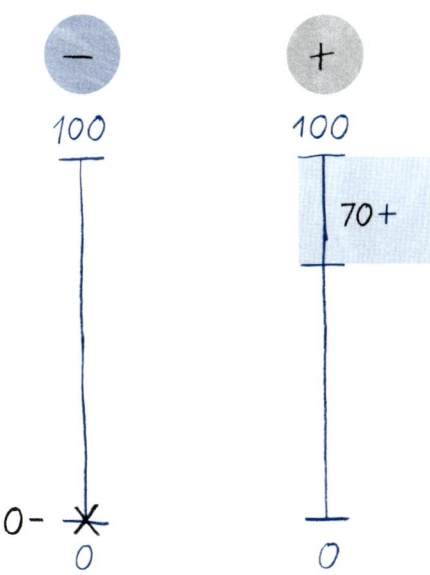

Abb. 8

Arbeitsblatt 6

Mein Ideenkorb
für Sowohl-als-auch-Lösungen

Variante Nr. 1 ....
....
....

Variante Nr. 2 ....
....
....

Variante Nr. 3 ....
....
....

Variante Nr. 4 ....
....
....

Variante Nr. 5 ....
....
....

Meine Lieblingsidee
(somatische Marker mindestens 70 Plus und 0 Minus)

Auf dem folgenden Arbeitsblatt findet sich Platz für fünf Ideen, wie Ihr Konflikt zwischen dem guten Grund fürs Rauchen und dem guten Grund fürs Aufhören auf der Sowohl-als-auch-Ebene gelöst werden kann. Wenn man jedoch feststellt, dass diese Anzahl nicht ausreicht, sucht man solange weiter, bis man eine gute Idee gefunden hat. Das ist der Auftrag. Einfach weitersuchen. Von Vorteil ist hierbei, wenn man Menschen fragt, die einem eher *un*ähnlich sind von ihrer Lebensweise und ihrer Lebenseinstellung her, denn von denen kommen oftmals die überraschendsten Ideen, die neueste Sichtweisen beinhalten. Freundinnen und Freunde «ticken» oft ähnlich wie man selbst und produzieren darum auch nur Ideen, auf die man selbst schon gekommen ist. Diese Ideensuche hat überhaupt keine Eile und kann manchmal eine Weile dauern. In unseren Trainings gibt es alle Varianten von Zeitbedarf. Manche Menschen finden ihre Lösung beim ersten Durchlauf, von anderen bekommen wir drei Monate nach Kursende eine Mail: «Bin gestern mit meiner Freundin um die Häuser gezogen und beim dritten Mojito hat es auf einmal gezündet!»

10 Die Zielpyramide

Ich kehre zu meiner eigenen Geschichte zurück, um zu zeigen, wie es weitergeht, wenn man gute Gründe gefunden hat, um das Rauchen bleiben zu lassen, und wie es mir gelungen ist, den eigenen Motivkonflikt zu lösen.

An diesem Punkt der Entwicklung ist man schon ziemlich weit gekommen, denn die innere Bereitschaft ist da und die Vorstellung, ohne Rauchen zu leben, ist an eine positive Affektlage gekoppelt. Das Unbewusste sitzt mit im Boot und deswegen ist man nachhaltig motiviert. Damit ist zwar viel erreicht, aber dies allein genügt bei vielen Menschen noch nicht. Ich gehörte auch zu denen, die noch mehr benötigten.

Zur Erinnerung zeige ich noch einmal den aktuellen Stand meiner psychischen Situation: Ich war nun auf der Suche nach einer Möglichkeit, *zugunsten meiner schönen Haut eine Rauchpause einzulegen*. Mein Motivkonflikt zwischen Rauchrebellin und schöner Haut war gelöst, nun konnte ich mit der Umsetzung meiner Absicht beginnen. Aber wie sollte ich das anstellen? Was für mich keinesfalls in Frage kam, war die Qualzeit, die ich von vielen Freunden kannte. Ich wollte meine Rauchpause mit Leichtigkeit, guten Gefühlen und möglichst angenehm verbringen. Zwang und Verzicht standen keine Sekunde zur Diskussion. Ich stellte mir eher etwas vor, das man am besten mit «das Rauchen vergessen» bezeichnen könnte. Ich wollte, dass mein Gehirn und mein psychisches System irgendwann einfach gar nicht mehr ans Rauchen denken würden. Ich wollte keine von diesen Nichtraucherinnen werden, die zitternd auf ihrem Stuhl sitzen und murmeln: «Jetzt eine Zigarette, das wär's, oh Gott, wie ich jetzt die Zigarette vermisse.» Mir schwebte etwas anderes vor. Der menschliche Organismus braucht keine Zigaretten, das ist sein Urzustand, und diesen Urzustand wollte ich wieder erreichen. Ich wollte ein Leben haben, als hätte es das Rauchen nie gegeben.

Nach dem Zürcher Ressourcen-Modell geht es an diesem Punkt darum, sich mit dem Thema der Zielhierarchien zu befassen. Mein Ziel im aktuellen Stadium meiner Arbeit war: *Ich lege zugunsten meiner schönen Haut eine Rauchpause ein.* Damit hätte ich auf jeden Fall schon weit besser arbeiten können, als mit einem Ziel der Art *Ich höre auf zu rauchen*, denn in meinem aktuellen Ziel waren meine Motivkonflikte schon gelöst und ein guter Grund war vorhanden. Es fehlte jedoch noch diese ganz bestimmte Qualität, die mir helfen würde, in Alltagssituationen, in denen mir das Rauchen in den Sinn kam, das Rauchen einfach auszublenden, zu vergessen, für überflüssig zu erklären. Um zu verstehen, wie man diese besondere Einstellung, diese innere Haltung erzeugen kann, ist es angebracht, sich damit zu beschäftigen, wie Ziele in der menschlichen Psyche funktionieren. Ziel ist nämlich nicht gleich Ziel. Je nachdem, welche Art

Abb. 9 Die Zielpyramide

Ziel ich mir baue, hat das Auswirkungen auf meine Motivationslage, meine unbewussten Informationsverarbeitungsprozesse und damit letztlich auf mein Verhalten.

Ziele, die Menschen sich setzen, lassen sich aus wissenschaftlicher Sicht hierarchisch ordnen (Carve & Scheier, 1998). Diese Ordnung kann man in einer Pyramide darstellen. Im Folgenden spreche ich darum von der «Zielpyramide», wenn ich diese hierarchische Ordnung meine. **Abb. 9**

Auf den drei Ebenen der Zielpyramide werden unterschiedliche Fragen beantwortet. Die meisten Menschen betreten die Zielpyramide nicht von oben, sondern in der Mitte, auf der Ergebnisebene.

Was willst du tun? – diese Frage bezieht sich auf die Ergebnisebene.

Warum willst du das tun? – mit dieser Frage klärt man die innere Haltung und die persönliche Einstellung, die hinter einer Absicht steht.

Wie, wann und wo genau willst du das tun? Wer diese Fragen beantworten kann, verfügt über einen guten Plan auf der Verhaltensebene der Zielpyramide.

Wenn man sich alle diese Fragen zusammen vergegenwärtigt, bemerkt man instinktiv, dass sie dabei helfen, die beabsichtigte Handlung sehr exakt zu erforschen und zu überdenken. Um sicherzustellen, dass man das, was man sich vorgenommen hat, auch tatsächlich in Handlung umsetzt, ist es ideal, auf alle Fragen der drei Ebenen eine gut durchdachte Antwort zu wissen. Die drei Ebenen sind natürlich, wie immer in der Psychologie, keine festen Strukturen, wie es etwa drei Schubladen wären. Sie sind Ordnungsversuche, um eine Orientierung in die Vielfalt möglicher Sprachformen zu bringen, in die Menschen ihre Absichten packen können. Manchmal passt die Art und Weise, wie jemand sein Ziel in Sprache packt, exakt in eines der drei Felder.

«Ich möchte Nichtraucher werden» bezieht sich zum Beispiel passgenau auf die Ergebnisebene.

Warum? «Damit ich meinem Sohn ein gutes Vorbild bin» – das wäre die Haltungsebene.

Wie willst du das anstellen? «Ich gebe mir 2 Jahre Zeit und reduziere meinen Zigarettenkonsum allmählich. Ab morgen rauche ich nicht mehr im Auto, das ist der erste Schritt.» Diese Antwort lässt sich auf der Verhaltensebene einordnen. **Abb. 10**

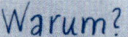

Abb. 10 Die Zielpyramide

Manchmal passen die persönlichen Sprachgebilde aber auch nicht exakt in die Zielpyramide. Das ist für die Praxis jedoch nicht weiter schlimm. Die Zielpyramide hilft dabei, eine ungefähre Einordnung vorzunehmen, das genügt völlig.

Mein eigenes Ziel zum Beispiel enthielt eine Mischung aus zwei Ebenen. Es hieß zu diesem Zeitpunkt *Ich lege zugunsten meiner schönen Haut eine Rauchpause ein*. In dieser Sprachform sind eigentlich zwei Ebenen gleichzeitig untergebracht. *Ich lege eine Rauchpause ein* wäre die Ergebnisebene und die Frage nach dem Warum? wird auf der Haltungsebene mit *damit ich eine schöne Haut bewahre* beantwortet. Das dazugehörige Verhalten war zu diesem Zeitpunkt noch nicht Gegenstand meiner Überlegungen gewesen, damit begann ich jetzt. Mir wurde klar: Die Umsetzung meines Zieles auf der Verhaltensebene wurde beim Thema Rauchen

im Grunde genommen nur durch eine einzige Herausforderung gefährdet: Dem Wunsch, eine Zigarette zu rauchen. Die nächste Aufgabe bestand für mich also darin, eine angenehme Form zu finden, mit der ich mein Ziel (Rauchpause) gegen dieses konkurrierende Ziel (Zigarette rauchen) abschirmen konnte.

Wie wir eingangs anhand der zahlreichen guten Gründe für das Rauchen gesehen haben, muss im Lauf eines ganz normalen Alltags damit gerechnet werden, dass das Ziel, für schöne Haut zu sorgen, mit anderen Zielen in Konflikt kommt. Mit dem Ziel, sich zu entspannen, mit dem Ziel, sich eine Pause zu verschaffen, mit dem Ziel, den Moment zu intensivieren oder mit dem Ziel, die Konzentration zu verbessern. All diese wunderbaren Dinge kann die Zigarette – so hat das Gehirn es bisher gelernt. In dieser Hinsicht ist die Zigarette ein wahrer Tausendsassa. Die permanente Verteidigung des Zieles *schöne Haut* gegen die anderen Ziele, die im Laufe des Tages auftauchen können, ist – neben ungelösten Motivkonflikten – eine weitere wesentliche Ursache für die Qual, die viele werdende Nichtraucher erleben, und die ich mir ersparen wollte. Ein Ziel wird nämlich nicht in motivationaler Isolation verfolgt, sondern muss sich gegen eine Heerschar von Konkurrenz behaupten, durchsetzen und im Kampfgetümmel langfristig überleben. Wie konnte ich mein schönes Ziel, in dem schon so viel Arbeit steckte, fit für das Überleben machen? Hierbei hilft das Wissen, dass in der Motivationspsychologie über die hierarchische Organisation von Zielen angesammelt wurde. Ein Überblick über die aktuelle Forschungslage, die ich im Folgenden in Auszügen darstelle, findet sich bei SHAH & KRUGLANSKI (2008).

Man weiß, dass es für den bewussten Verstand außerordentlich schwierig ist, ein bestimmtes Ziel den ganzen Tag hindurch zu verfolgen, über verschiedene Situationen hinweg, angesichts unterschiedlichster Verlockungen und wechselnder Stimmungslagen. Der bewusste Verstand hat nur begrenzte Ressourcen, um seine Arbeit zu tun und diese sind schnell erschöpft. Muraven und Baumeister (2000) konnten zum Beispiel zeigen, dass bereits die bewusste Anstrengung, die es kostet, gegen die eigene Vorliebe einen rohen Rettich zu essen, die geistige Leistung in einer anschließenden Wortfindungsaufgabe deutlich beeinträchtigt. Der Verstand ist ein empfindsames Instrument und mit Sicherheit schnell und in vielen Fällen damit überfordert, das Nichtrauchen durchzusetzen, wenn ein richtig guter Grund für das Rauchen aus dem alten Erinnerungsschatz auftaucht. Wenn man dann vorher vielleicht gerade noch einen rohen Rettich essen oder etwas tun musste, das ähnlich viel Überwindung kostet, dann bricht die Verstandeskontrolle zusammen und die Zigarette zündet sich quasi von alleine an.

Darum eignet sich der bewusste Verstand nur bedingt, um die Verhaltensebene der Zielpyramide zu bearbeiten. Was sich jedoch hervorragend dafür eignet, ist das Unbewusste. Wenn das Unbewusste das gleiche Ziel hat, dann sorgt es für einen Vorgang, der in der Sprache der Motivationspsychologie «goal shielding» – Zielabschirmung – heißt. Sobald das Unbewusste auf Zielabschirmung schaltet, werden die Wahrnehmung und die Informationsverarbeitung automatisch in den Dienst des Ziels gestellt. Alle Informationen, die nicht zielführend sind, werden ausgeblendet, zielführende Informationen werden stattdessen überbewertet. Ich gebe Ihnen hierzu ein Beispiel: Kaum haben Sie sich entschlossen, auf die Lofoten zu reisen, stoßen Sie überall auf Artikel und Informationen

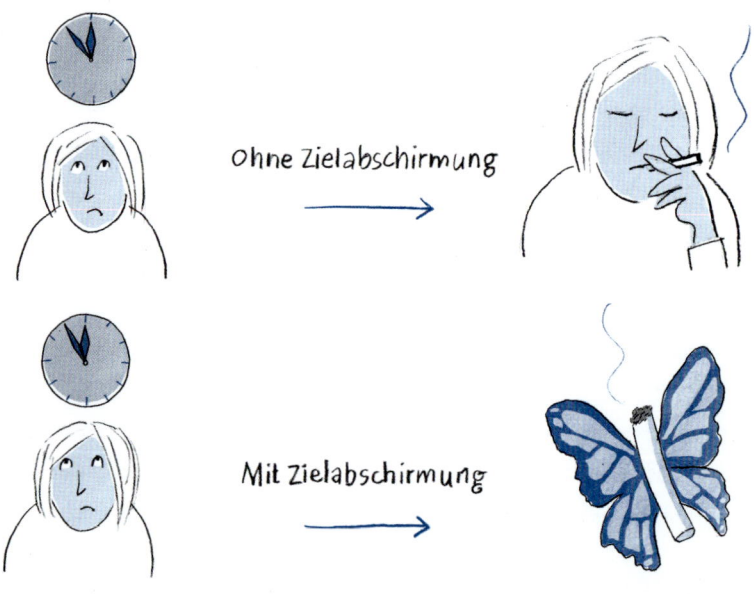

Abb. 11

über diesen Ort, andauernd treffen Sie Menschen, die schon dort waren, während sie vorher nie jemanden davon haben sprechen hören, sogar die Werbung in den Zeitschriften scheint sich unerklärlicherweise nur noch mit Themen zu befassen, die in irgendeinem Zusammenhang mit den Lofoten stehen. Man nimmt die Welt während der Zielabschirmung nur noch durch eine ganz bestimmte Brille wahr, durch die Zielbrille nämlich. Eine gute Zielabschirmung kann beim Umgang mit Verlockungen sehr helfen. Sobald sie funktioniert, kann sie sogar dazu führen, dass beim Auftauchen einer Verlockung oder einer Bedrohung automatisch, ohne Zutun des bewussten Verstandes, das angestrebte Ziel im psychologischen System aktiviert wird (FISCHBACH et al., 2003). Das heißt dann: Etwas, das früher die alten guten Gründe fürs Rauchen im psychischen System aktiviert hat, mit denen man sich dann herumschlagen musste, kann bei einer funktionierenden Abschirmung sogar das Ziel *Rauchpause/schöne Haut* aktivieren! Und zwar automatisch, im unbewussten Teil der Psyche, ohne Zwang, ohne Qual und oftmals auch gleich ganz außerhalb der bewussten Wahrnehmung. Das Rauchen wird ganz einfach vergessen, es erledigt sich von selbst.

Bleibt die Frage: Wie kriegt man diese Zielabschirmung hin? Das Zürcher Ressourcen-Modell macht hierzu eine klare Aussage. Zielabschirmung wird nicht auf der Verhaltensebene erzeugt, sondern auf der Haltungsebene. Obwohl sich die *Auswirkungen* der Zielabschirmung auf der Verhaltensebene zeigen, befindet sich ihr *Ursprung* woanders, nämlich in der Spitze der Zielpyramide. Hier oben muss eine Art Ziel gebaut werden, das wir im ZRM-Training ein «Haltungsziel» nennen. Ein anderes Wort dafür, das man alternativ benutzen kann, und das unmittelbar verständlich ist, ist das Wort «Mottoziel». Einem Motto begegnet man im Volksmund häufig. Mottos befinden sich zum Beispiel auf Abreißkalendern oder in kleinen Geschenkbüchern mit Titeln wie «Mit Weisheit durch das Jahr» oder so ähnlich. «Ehre den Tag!», «Eile mit Weile», «Volldampf voraus» oder «Der Weg ist das Ziel» – dies sind alles Beispiele für Mottos, die jeder kennt. Mottos müssen nicht immer aus alten Zeiten stammen. «No risk, no fun» ist ein Beispiel für ein moderneres Motto, das mein 17-jähriger Neffe gerne benutzt. Aus motivationspsychologischer Sicht zielen diese Sprüche auf die Haltungsebene der Zielpyramide ab. Was passiert dort oben?

Man weiß aus zahlreichen Forschungen, dass durch Ziele, die sich auf die Haltungsebene beziehen, die gesamte Pyramide aktiviert werden kann. Oben in der Pyramidenspitze befindet sich eine Art übergeordnete Zentrale. Sie versorgt die gesamte Pyramide mit Motivation und generiert in vielen Fällen das entsprechende Verhalten automatisch.

Ein Beispiel soll dieses Geschehen erläutern. Eine Freundin von mir stellte eines schönen Tages anhand ihrer Kontoauszüge fest, dass ihr Dispokredit am Limit war. Sie musste dringend damit beginnen, ihr Konto auszugleichen, zumal die Zinsen für den Dispokredit ihr schier die Haare vom Kopf fraßen. Ihr Ziel auf der Ergebnisebene der Zielpyramide war «ausgeglichener Kontostand». Sie musste also die Sparbremse ziehen und

Verlockung
Schöne Schuhe

Ohne Zielabschirmung
→

Aktiviertes Ziel alt
Geldbörse öffnen

Verlockung
Schöne Schuhe

Mit Zielabschirmung
→

Aktiviertes Ziel neu
Geld bewachen

Abb. 12 Die Zielabschirmung

ihre Ausgaben kürzen. Wie man sich unschwer vorstellen kann, konkurriert dieses Ziel im Laufe eines ganz normalen Tages bei unzähligen Gelegenheiten mit anderen Zielen, die für das Thema «ausgeglichener Kontostand» eine Bedrohung darstellen. Nur schon alleine ihr Arbeitsweg führte meine Freundin täglich an einer Reihe von Geschäften vorbei, bei denen das Unbewusste mit seiner Bewertungsaktivität im Hier und Jetzt aus dem Jubeln nicht mehr herauskam. «Welch schöne Schuhe, welch schöner Ring, welch schicke Tasche und dazu noch das korallenrote T-Shirt, das wird die Wucht auf der Party am Wochenende!» Und die meisten werden schon einmal erlebt haben, wie schnell das Unbewusste dafür sorgen kann, dass man sich mit einer Einkaufstüte in der Hand wiederfindet, *ohne* während des Kaufvorgangs auch nur einmal an den Kontostand gedacht zu haben.

Eine nachhaltige Umsetzung eines Sparsamkeits-Zieles ist für Menschen, die von Natur aus nicht sparsam sind, nur mit Qual und Verzicht umsetzbar, wenn überhaupt. Außer, das Unbewusste wird auf der Haltungsebene davon überzeugt, dass hier ein Ziel vorliegt, für das es sich zu leben lohnt. Meine Freundin baute sich das Mottoziel: «Ich bewache mein Geld.» Dieser Satz erzeugte in ihr starke positive somatische Marker und ein automatisches Wachheitsgefühl. Vor ihrem geistigen Auge sah sie ein leichtes Zähnefletschen wie von einem aufmerksamen Wachhund, der einen Eindringling in sein Territorium warnend anknurrt. Mit diesem Mottoziel gelang es ihr, sehr viel mehr Kaufgelegenheiten erfolgreich zu überstehen als das vorher der Fall gewesen war.

Das Wachhundbild hatte das Unbewusste mit ins Boot geholt und die Zielabschirmung hervorgerufen. Ihr Unbewusstes sorgte jetzt dafür, dass das Geldbewachen bei ihr wie eine Art Reflex sofort funktionierte, sobald eine Bedrohung auftauchte, die in das Territorium ihres Geldbeutels eindringen wollte. Um sich selbst bei jeder Kaufsituation an ihr Motto zu erinnern, kaufte sie sich einen Geldbeutel, der einen stilisierten Hundekopf ins Leder eingeprägt hatte, eine sehr effektive Art der Erinnerungshilfe, die man in der Wissenschaft «Priming» nennt (BARGH, 2006). Ich selbst war damals von diesem Mottoziel meiner Freundin so begeistert, dass ich es seitdem für mich selbst übernommen habe, es hat sich auch auf meinen Kontostand segensreich ausgewirkt. Abb. 12

Das meint man in der wissenschaftlichen Psychologie, wenn man sagt, dass von der Haltungsebene aus die Verhaltensebene automatisch im Sinne der Haltung reguliert und gesteuert wird. Wenn ein Mensch sich in dieser Verfassung befindet, die dadurch gekennzeichnet ist, dass weite Teile seines Verhaltens im Sinne einer übergeordneten Haltung ablaufen, dann ist er, wissenschaftlich gesprochen, intrinsisch motiviert. Das heißt, der Antrieb für das entsprechende Verhalten kommt von innen, die Motivation ist sozusagen selbst gemacht. Das Gegenteil ist der Fall, wenn man von außen mit einer Belohnung winkt, um ein gewisses Verhalten zu erreichen, oder wenn jemand durch Androhung von Unheil dazu gebracht wird, bestimmte Dinge zu tun oder zu unterlassen. Dann spricht man von extrinsischer Motivation. Für unser Rauch-Thema ist aber die intrinsische Motivation die wesentlich wichtigere und interessantere, denn sie baut auf eigene Kräfte.

Die Aktivierung der intrinsischen Motivation geschieht auf der Haltungsebene der Zielpyramide und betrifft die unbewusste Informationsverarbeitung. Mein Ziel in der aktuellen Fassung war jedoch noch kein reines Haltungsziel, sondern lediglich eine Mischung aus Ergebnisziel und Haltungsziel. Das war noch zu wenig, um mich richtig zu motivieren. Hierfür musste ich die Ergebnisebene komplett verlassen und auf der Haltungsebene nach einem Motto suchen. Um zu wissen, wie ein Mottoziel gebaut wird, dass in der Lage ist, das Unbewusste mit Zielabschirmung auf der Haltungsebene in Aktion zu bringen, benötigt man Wissen über die Sprachform, die das Unbewusste entflammen kann. Das Unbewusste benutzt nämlich eine besondere Art von Sprache, die mit Bildern arbeitet. Wilma Bucci hat hierzu eine interessante Theorie entwickelt, die ich im nächsten Kapitel kurz vorstelle.

11 Bilder sind die Treppe ins Unbewusste

Wilma Bucci ist Psychoanalytikerin und hat erfolgreich versucht, psychoanalytisches Gedankengut mit den Überlegungen des Hirnforschers Antonio Damasio zu verbinden. Bucci entwarf hierzu die *Multiple Code Theory* (BUCCI, 2002). Sie geht davon aus, dass Information vom Menschen grundsätzlich in drei Arten von Codes wahrgenommen und verarbeitet werden kann: in sprachlicher, in bildhafter und in körperlicher Form. Der Mensch kann also in drei Welten gleichzeitig leben. **Abb. 13**

Beginnen wir mit der Welt der Worte. Ihr Code besteht aus Buchstaben, die zusammengesetzt zu Worten werden und Sprache bilden. Diese Welt können nur Menschen betreten und ein paar unserer Affen-Verwandten in Ansätzen. Damit die Welt der Worte verstanden werden kann, brauchen wir zusätzlich die Welt der Bilder. Bilder geben der Sprache ihre Bedeutung. Ich verdeutliche das an einem Beispiel. Schaut man sich das Wort LØKPØLSER an, so sieht jeder Mensch, der kein Norwegisch spricht, einfach nur Buchstaben. Möglicherweise entsteht nicht mal ein ordentliches Klangbild vor dem inneren Ohr, weil man nicht weiß, wie man das ø aussprechen soll. Wenn ich statt LØKPØLSER nun die Übersetzung, nämlich

Abb. 13 Die 3 Informations-Codes nach Bucci

das Wort ZWIEBELWURST hinschreibe, kann für alle, die deutsch, schweizerdeutsch oder österreichisch sprechen, Verstehen stattfinden. Es kann jetzt die Welt der Bilder angezapft werden, in der sich bildhafte Assoziationen befinden. Dadurch wird aus einem sinnlosen Buchstabenpuzzle ein Wort mit Bedeutung. Zu WURST gibt es ein Bild, zu ZWIEBEL gibt es ein Bild und je nach regionalem Metzgerhandwerk gibt es auch ein Bild für ZWIEBELWURST. Abb.14

Abb.14

Noch ein Beispiel: Was bedeutet für Sie das Buchstabenpuzzle XLZ? Vermutlich nichts. Für mich bedeutet XLZ etwas ganz Niedliches und äußerst Liebenswertes. Es ist nämlich der Name meines Zauberers, den ich im allerersten Computer-Rollenspiel, das ich je gespielt habe (das Spiel hieß «Might and Magic»), erfunden habe. In der Rolle von XLZ habe ich aufregende Abenteuer erlebt und geheimnisvolle Welten durchwandert. Darum hat mein Gehirn viele Bilder zum Thema XLZ bereit, die sofort aktiviert werden, wenn diese drei Buchstaben irgendwo auftauchen. Das Buchstabenpuzzle XLZ hat für mich deswegen Bedeutung, für andere Menschen nicht. Zusätzlich zur Welt der Worte wird bei mir die Welt der Bilder aktiv. Ich sehe mich selbst im abgedunkelten Zimmer sitzen und auf meinen Bildschirm schauen, der bläulich und beruhigend flimmert. Ich sehe XLZ mit seinem Zaubermäntelchen, mein XLZ war eine eher schmächtige Figur. Auch das eisige Riesengebirge taucht vor meinem inneren Auge auf, in dem XLZ fast

erfroren wäre, weil ich noch nicht genug Geld gehabt hatte, um ihn mit einer Felljacke auszustatten, die Überquerung des Riesengebirges aber trotzdem schon in Angriff genommen hatte. Das ist aber noch nicht alles. Die Buchstabenfolge XLZ ruft Bilder auf. Und diese Bilder wiederum aktivieren die Körperwelt. Aus der Körperwelt wird mir ein gemütliches Computerhöhlengefühl geschickt, ein Rechte-Hand-Mausklick-Gefühl und ein mulmiges Spannungsgefühl vor dem Betreten des alten Bergwerks, in dem XLZ und ich Orks vermuten mussten.

Damit sind wir bei der dritten Welt, der Welt der Körpergefühle. Dieser Code kommt ohne Worte und Bilder aus. Er arbeitet in motorischer, somatisch-viszeraler (die inneren Organe oder Eingeweide betreffend) und sensorischer Form, wie zum Beispiel durch Töne, Gerüche oder Empfindungen. Diese Vorgänge begleiten unser gesamtes Leben als eine Art Online-Informationsverarbeitung. Sie läuft zunächst vollkommen unterhalb der Bewusstseinsschwelle, also unbewusst ab und hat eine sogenannte parallele Verarbeitungsform, das heisst, sehr viele unterschiedliche Dinge können gleichzeitig bearbeitet werden. Das ist auch nötig, denn mit dem Körper machen wir immer viele Dinge gleichzeitig. Der Körper hilft uns zum Beispiel dabei, unsere Körperzustände wahrzunehmen, das Gleichgewicht zu halten, Auto zu fahren, und dabei auf andere Menschen auf dem Beifahrersitz instinktiv adäquat zu reagieren.

Auch am Beispiel der ZWIEBELWURST kann man das Zusammenspiel der drei Welten noch einmal verdeutlichen. Wenn ich das Wort LØKPØLSER lese, dann kommen mir persönlich zum einen viele Bilder aus meinem Urlaub in Norwegen in den Sinn, Fjorde, Fische und das Vikingermuseum zum Beispiel. Und außerdem «schmeckt» und «riecht» mein Gehirn auch die leckere norwegische Zwiebelwurst, die einzige Wurstsorte, die wir uns leisten konnten, weil Fleisch in Norwegen irrsinnig teuer war (wie übrigens auch das Bier). Das Gehirn versteht Worte also dadurch, dass es Bilder und Körpergefühle aufruft, die zu diesem Wort passen. Das hat die Hirnforschung in eindrucksvollen Experimenten zeigen können. Wenn man das Wort LECKEN liest, wird der Teil der Gehirnrinde aktiv, der für Zungen- und Mundbewegungen verantwortlich ist. Beim Lesen der Buchstabenfolge KICKEN meldet sich der Fuß- und Beinteil der Gehirnrinde und steuert sein Scherflein zum Verstehen des Wortes bei (HAUK et al, 2004). **Abb. 15**

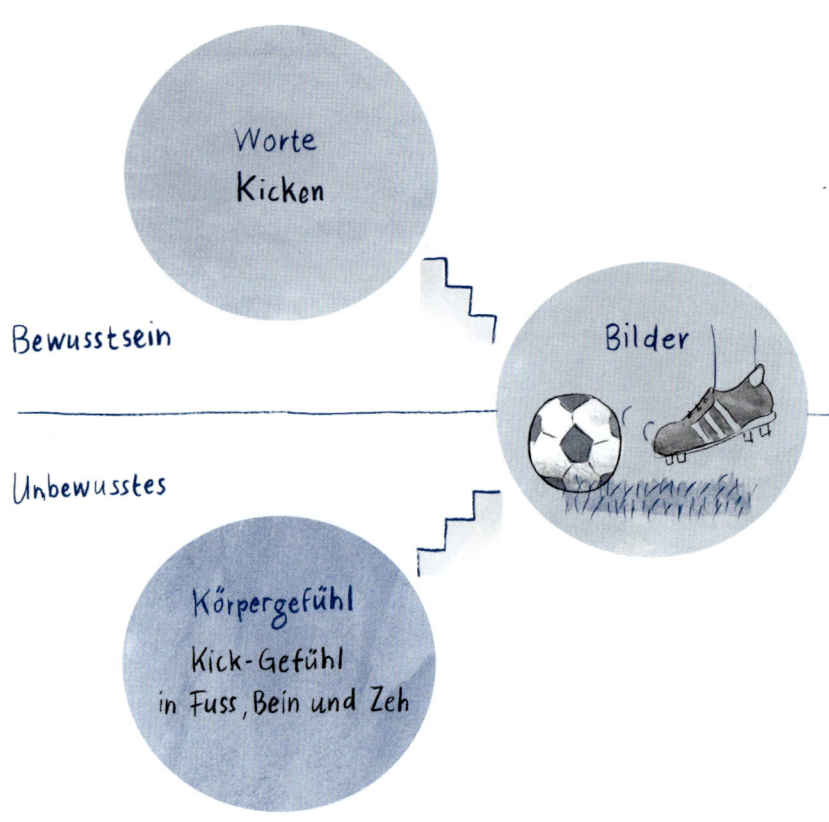

Abb. 15 Der Arbeitsweg des referentiellen Prozesses

Dadurch, dass zu jedem Wort die passenden Bilder und Körpergefühle mobilisiert werden, leben wir Menschen also gewissermaßen immer in drei Welten simultan. Normalerweise nehmen wir diese drei Welten nicht getrennt wahr, sondern als Einheit. Man muss die drei Welten und ihre Codes nur dann näher betrachten, wenn man etwas über die Funktionsweise von Sprache wissen will, um sich zum Beispiel ein gutes Mottoziel zu bauen, dass mit dem Unbewussten abgestimmt ist und die begehrte Zielabschirmung erzeugt. Die drei Welten und ihre Codes unterscheiden sich nämlich unter anderem dadurch, wie sehr sie an Bewusstsein und Verstandestätigkeit gekoppelt sind und wie sie in Verbindung mit dem Unbewussten stehen.

In der Welt der Worte können wir uns nur bewegen, wenn wir bei Bewusstsein sind und unseren Verstand benutzen. Die Welt der Bilder kann sowohl bewusst als auch unbewusst aktiviert sein. Wenn Menschen träumen, kann man an den heftigen Augenbewegungen der REM-Phase zum Beispiel wohl erkennen, dass Traumgeschehen stattfindet. Für den Traum-Vorgang selbst ist jedoch kein Bewusstsein erforderlich. Wenn wir soweit wach werden, dass Bewusstsein auftaucht, dann kann man sich an einzelne Elemente des Traums erinnern.

Die Welt des Körpergeschehens schließlich arbeitet komplett unbewusst. Jeder Strudelwurm, jedes Pantoffeltierchen und jeder Schleimpilz hat überlebenswichtige Aktivitäten auf der Körperebene, ohne dass er dazu Bilder oder Worte wahrnehmen oder erfinden kann. Körpergeschehen kann in Teilen bewusst werden, vieles von dem, was im Körper geschieht, ist aber gar nicht bewusstseinsfähig. Wie fühlt es sich an, wenn Haare wachsen? Wenn sich weiße Blutkörperchen bilden? Wenn sich im Gehirn Synapsen verschalten? Wenn die Milz arbeitet? Wir wissen es nicht, weil wir es nicht bewusst wahrnehmen können. Auch die somatischen Marker, die für die Motivation so zentral sind, entstehen in dieser Welt. Denn diese wichtigen Überlebenshilfen benötigt auch ein Strudelwurm. Für diese Form der Bewertung von Umweltreizen braucht man kein hochgezüchtetes Gehirn, wie der Mensch es besitzt. Wenn ein kleiner Strudelwurm etwas wahrnimmt, mit dem er schlechte Erfahrungen gemacht hat, sucht sein Körper automatisch das Weite, ohne dass es dazu lange Problemlöseprozesse mit dem bewussten Verstand benötigen würde. Die Vorgänge in der Körperwelt verlaufen komplett unbewusst, einige davon sind aber bewusstseinsfähig, wie zum Beispiel die somatischen Marker. Damit das Körpergeschehen aber ins Bewusstsein kommt und in Worte gefasst werden kann, muss es gewisse Verarbeitungsschritte durchlaufen.

Ich gebe hierfür ein Beispiel. Was passiert, wenn man auf einen Menschen wartet, in den man sich verliebt hat, und auf einmal wahrnimmt, dass das Herz stärker klopft als üblich? Und was ist geschehen, wenn man für dieses Körpergefühl das Wort HERZKLOPFEN findet? Dann ist Körpergeschehen, das unbewusst entstanden ist, bewusst geworden und wurde in Sprache gefasst. Dies ist möglich, weil zwischen den drei Welten und ihren Codes eine Verbindung besteht. Damit sie miteinander in Verbindung gebracht werden können, braucht es eine Art Bindeglied, dieses Bindeglied wird in der Theorie von Wilma Bucci der «referentielle Prozess» genannt. Körperliche und sensorische Eindrücke brauchen eine Übersetzungshilfe, um in Sprache übersetzt werden zu können. Die Übersetzung eines Körpergefühls in Sprache ist nämlich überhaupt keine einfache Sache, und selbstverständlich ist dieser Vorgang keineswegs. In der Psychotherapie gibt es den Begriff der «Gefühlsblindheit». Damit wird ein Krankheitsbild bei Menschen beschrieben, die keine Körperempfindungen und keine Emotionen wahrnehmen können. Bei Magersucht zum Beispiel ist die Gefühlsblindheit oft anzutreffen. Die Übersetzung von Körpergefühlen und Emotionen in die Welt der Sprache und damit das Bewusstwerden von Gefühlen muss von diesen Patientinnen richtiggehend geübt und trainiert werden. Die Schwierigkeiten einer solchen Übersetzung werden auch für Menschen ohne Gefühlsblindheit deutlich, wenn man einmal versucht, einen Vorgang, einen Geschmack oder eine Empfindung in Worte zu fassen, die man noch nie vorher erlebt und/oder in Worte gefasst hat. Man muss dann um Worte ringen, nach Worten suchen oder sich mit unklaren Beschreibungen zufriedengeben, bei denen man merkt, dass andere sie nicht verstehen können.

Bei diesem Übersetzungsprozess spielen Bilder eine Schlüsselrolle. Bilder sind der Dreh- und Angelpunkt im Informationsfluss zwischen der Welt des körperlichen, Unbewussten und der Welt des bewussten Verstandes, der über Worte und Sprache verfügt. Dies ist eine der Kernaussagen von Buccis Theorie. Was ich eben in der einen Richtung von der Welt des Körpers zur Welt der Worte erläutert habe, gilt genauso in die andere Richtung: Wer die Körperwelt des Unbewussten erreichen will und mit seinen Überlegungen vom bewussten Verstand aus mit Sprache und Worten startet, braucht als Übersetzungshilfe die Bilderwelt. Über die Bilderwelt wird das Unbewusste aktiviert, sie ist die Treppe in unbewusste Gefilde. Mit einfachen Worten ausgedrückt kann man sagen: An jedem Wort hängt ein Bild und an jedem Bild hängt ein Körpergefühl.

Nun habe ich lange über ein Thema gesprochen, das auf den ersten Blick nichts mit dem Rauchen zu tun hat. Das Verständnis für die Übersetzungstreppen, die zwischen den drei Welten Verbindung schaffen, braucht man jedoch, um das Rauchen qualfrei vergessen zu können. Denn Motto-

Bilder sind die Treppe ins Unbewusste

ziele, die Zielabschirmung erzeugen können, müssen aus Worten bestehen, die starke und eindeutige Bilder aufrufen, an die wiederum starke und eindeutig gute Gefühle in der Welt des Körpers, sprich positive somatische Marker, gekoppelt sind. Und weil man starke und eindeutige Bilder braucht, steigt man in diese Arbeit am besten gleich mit Bildern ein und nicht mit Worten. Die sicherste Reihenfolge für den Bau von Mottozielen heißt: Erst das Bild suchen, dann in einem zweiten Schritt zu dem Bild die passenden Worte erarbeiten, aus den Worten ein Mottoziel bauen und dieses Mottoziel, das ja ursprünglich aus der Bilderwelt stammt, mit den somatischen Markern aus der Körperwelt abstimmen und so auf Maß schneidern. Abb. 16

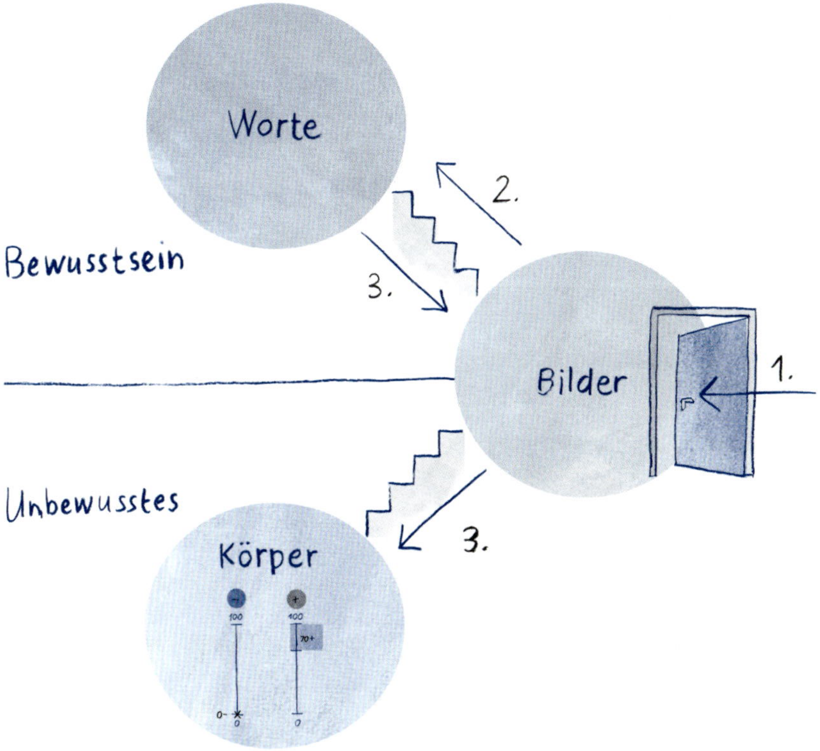

Abb. 16 Der Übersetzungsprozess zwischen Wort, Bild und Körper

Wie die Abstimmung mit der Körperwelt über die somatischen Marker vorgenommen werden kann, habe ich in Kapitel 9 mit den beiden Skalen zur Auswertung von somatischen Marker erklärt. Das Unbewusste selbst ist ja, wie der Name UN-BEWUSST schon andeutet, durch das Bewusstsein auf direktem Wege nicht erfahrbar. Was vom Bewusstsein jedoch prima wahrgenommen werden kann, ist das Bewertungssystem des Unbewussten, die somatischen Marker, die sind nämlich bewusstseinsfähig. Um Ziele mit dem Unbewussten abstimmen zu können, sind wir darum auf die somatischen Marker angewiesen. Das Bewertungssystem der somatischen Marker arbeitet jedoch mit dem Code der Körperwelt. Darum ist es so wesentlich, eine Vorstellung davon zu haben, über welchen Verbindungsweg man von einer Absicht, die man mit dem bewussten Verstand in der Welt der Worte gefasst hat, Kontakt zum Unbewussten aufnehmen kann, um die Abstimmung vorzunehmen, die für die selbstgemachte Motivation mit Zielabschirmung so nötig ist. Ein Mottoziel mit einem somatischen Marker von 70+ und 0– ist der große Rahmen, der die drei Welten zusammenhält und so die Einheit und Harmonie ins gesamte psychische System bringt. Wenn man ein gutes Mottoziel gebaut hat, läuft die Kiste wie geschmiert. Man merkt: Um eine gute Motivation hinzukriegen, muss man ziemlich viele Dinge beachten. Ist auch kein Wunder, denn wenn es so einfach wäre, hätten ja nicht so viele Menschen diese großen Probleme mit der Umsetzung ihrer löblichen Verstandes-Absichten in die Tat.

Diese Methode und die spezifische Reihenfolge des Wanderns zwischen den Welten bringt zwei Vorteile mit sich. In einem solchen Vorgehen liegt zunächst einmal natürlich die Chance, mit dem Bewusstsein direkt auf das Unbewusste zugreifen zu können. Zweitens hilft der Einstieg über Bilder bei der Lösung von Motivkonflikten. Denn in der Welt der Bilder ist es sehr viel einfacher als in der Welt der Worte, eine Lösung zu finden, die nach dem Prinzip des Sowohl-als-auch funktioniert. Woran liegt das? In der Welt der Worte herrscht die Logik des Entweder-oder. In der Welt der Bilder jedoch sind der Phantasie keine Grenzen gesetzt. Sowohl-als-auch wird hier mit links erledigt. In der Welt der Bilder gibt es rosa Einhörner, Schweine mit Flügeln, Palmen auf der Gletscherspitze und geschmolzene Uhren. Und mit diesem kreativen Potenzial der Bilderwelt lassen sich auch die Mottoziele für die Haltungsebene der Zielpyramide bauen. Wie das nun genau vor sich geht, zeige ich mit vielen Beispielen im nächsten Kapitel.

12 Mottoziele mit Wunschelementen bauen

Für das Zürcher Ressourcen-Modell-Training haben wir eine Methode entwickelt, um Mottoziele zu bauen, die auf so genannten «Wunschelementen» basiert (STORCH & RIEDENER, 2004). Die meisten Menschen kennen das Partyspiel, in dem eine Person eine andere Person erraten muss, indem sie der Gruppe ganz bestimmte, ulkige Fragen stellt. «Was wäre diese Person, wenn sie ein Tier wäre?» oder «Was wäre diese Person, wenn sie ein Musikstück wäre?». Aufgrund der Charakteristika, die man dann mit dem genannten Tier bzw. Musikstück verbindet, lässt sich erraten, welche Person aus der Gruppe gemeint ist. Dieses Spiel haben wir abgewandelt und benutzen es, um auf der Bilderebene Ideen zu erzeugen. Die Frage, die in diesem Fall gestellt wird, lautet zum Beispiel: «Welches Tier verfügt über Eigenschaften, die Dir bei Deiner Absicht nützlich sein könnten?»

Als «Wunschelemente» bezeichnen wir die Begriffe, anhand derer nach erwünschten Eigenschaften gesucht wird. Sehr bewährt haben sich die Suche nach einem Tier, einer Pflanze, einer Landschaft und einer bekannten Person, sei es aus einer Phantasiegeschichte – etwa Spiderman – oder sei es eine real existierende Person – mein Onkel Hugo zum Beispiel. Auch Autos eignen sich hervorragend als Wunschelement. Der eigenen Phantasie sind bei dieser Technik aber keine Grenzen gesetzt. Als Wunschelement eignet sich alles, was in der Lage ist, starke Bilder hervorzurufen. Mit welchem Wunschelement gearbeitet werden soll, entscheidet man selbst. Das Prinzip ist ganz einfach. Der Begriff, zu dem spontan und schnell gute Bilder auftauchen, ist geeignet. Begriffe, bei denen man ins Grübeln gerät, eignen sich nicht, denn sobald man grübelt, ist der Verstand involviert und es ist nicht mehr eindeutig klar, dass dieses Bild in direktem Kontakt zum Unbewussten steht.

Diese Technik der Wunschelemente habe ich für mich selbst angewandt, um ein wirksames Mottoziel zu bauen. Meine Absicht aus den vorhergehenden Stufen der Motivationsarbeit war: *Ich lege zugunsten meiner schönen Haut eine Rauchpause ein.* Als Wunschelement wählte ich mir die Kategorie «Tiere». Die entsprechende Frage zu meiner Absicht lautete: «Welches Tier verfügt über Eigenschaften, die mir bei meiner Absicht, zugunsten meiner schönen Haut eine Rauchpause einzulegen, nützlich sein könnten?» Sofort fiel mir eine Biene ein. Ich sah vor meinem geistigen Auge eine kleine, runde, niedliche Honigbiene, so wie ich sie im Sommer immer gerne beobachtete, wenn sie die Thymianblüten vor meinem Fenster eifrig nach Nektar absuchte. Was hatte die Biene mit meinem Wunsch nach Rauchpause zu tun? Ich hatte keine Ahnung.

Fest stand nur, dass anhand der Frage, die ich mir gestellt hatte, ein Bild von diesem Tier spontan und schnell als Antwort aufgetaucht war. Dass Menschen, die mit der Wunschelemente-Technik arbeiten, selbst oft

nicht beantworten können, was es mit dem Bild, das ihnen in den Sinn kommt, auf sich hat, ist völlig normal. Denn um die Bedeutung eines Bildes in Worte zu fassen, muss – so hat Wilma Bucci es beschrieben – erst eine Übersetzungsarbeit geleistet werden. Die Welt der Bilder muss in die Welt der Worte überführt werden. In der Psychoanalyse nimmt man zur Arbeit mit dem Unbewussten zum Beispiel ein Traumbild und interpretiert dieses Bild dann in der analytischen Sitzung. Es gibt auch die Technik des Malens aus dem Unbewussten, bei der zunächst eine kleine Trance induziert wird, so dass der Verstand ein wenig zur Ruhe kommt und innere Bilder auftauchen können und dann wird möglichst spontan und ohne Verstandesfilter gemalt.

Interpretiert wird das Bild erst hinterher, wenn das Unbewusste Gelegenheit hatte, sich über den Vorgang der spontanen Malerei auf einem Blatt Papier zu manifestieren. Wie dieses Bild zustande kommt, spielt eine untergeordnete Rolle. Man kann träumen, malen, formen, ja man kann sogar ein Blatt Papier zerknittern, wieder glattstreichen und dann schauen, welche Gestalten man in den Falten und Knicken erkennt. Auch durch Bleigießen, wie es an Silvester geschieht, werden in dieser Hinsicht Bilder erzeugt. Wenn dann ein Bild da ist, folgt in Stufe zwei die Interpretation des Bildes.

Hinsichtlich der Art und Weise, wie man vorhandene Bilder interpretiert, gibt es grob gesprochen, zwei Varianten. Variante 1 besteht darin, eine Art Katalog anzufertigen darüber, was eine bestimmte Farbe oder ein bestimmter Gegenstand bedeuten kann. Wenn man Psychoanalytikerin ist, besitzt man zahlreiche Nachschlagewerke über den Bedeutungsgehalt von Zahlen, Farben und Trauminhalten. Diese Nachschlagewerke sind hilfreich, sie bergen jedoch eine Gefahr in sich. Die Gefahr besteht darin, dass man dem Bild, das ja aus dem individuellen Unbewussten eines einzigartigen Menschen kommt, nicht gerecht wird, indem man ihm eine Bedeutung überstülpt, die zwar für viele andere Menschen zutreffen mag, aber eben für diesen einen speziellen Menschen nicht. C. G. Jung hat aus diesem Grund eine andere Methode erfunden, um mit inneren Bildern umzugehen, die er die «Amplifikation» nannte. Dieses Wort leitet sich von dem lateinischen Wort «amplificare» ab, was übersetzt wird im Sinne von «vermehren, vergrößern, erweitern». Durch den Vorgang der Amplifikation wird das, was man schon bewusst über das Bild an Hypothesen hat, durch neue Ideen angereichert, der bewusste Wissensschatz wird vermehrt. Ich selbst stelle mir das vor wie einen Spaziergang. Man spaziert – metaphorisch gesprochen – gemütlich um das Bild herum, betrachtet es sich von allen Seiten und sammelt die Eindrücke, die einem während dieses Spaziergangs einfallen. In moderner Terminologie würde man diese Technik vermutlich «Brainstorming» nennen, denn zwischen diesen beiden Methoden bestehen durchaus Ähnlichkeiten.

Ähnlich sind sie sich insofern, dass zunächst viele Ideen gesammelt werden, was dieses Bild wohl bedeuten könnte. Der Unterschied zwischen dem Amplifizieren nach C. G. Jung und dem Brainstorming liegt in der Art und Weise, wie aus der Vielzahl der gesammelten Ideen eine Auswahl getroffen wird. Beim Brainstorming erfolgt die Auswahl nach einem externen Kriterium, das dem Thema des Brainstormings angemessen ist: Kosten, Realisierbarkeit, Geschwindigkeit der Umsetzung oder dergleichen. Bei der Amplifikation im Umgang mit inneren Bildern gibt es nur ein einziges Kriterium. C. G. Jung hat es die «Sinnreaktion» des Analysanden genannt. Als scharfem Beobachter mit einer großen Erfahrung, aufbauend auf einer Vielzahl von analytischen Gesprächen, war ihm aufgefallen, dass die Analysanden bei einigen der gesammelten Ideen spontan und schnell das Gefühl hatten «Diese Interpretation macht Sinn für mich». Nach dieser Reaktion suchte er, und diejenigen Ideen taugten zur individuellen Interpretation des Bildes, bei denen diese Sinnreaktion auftrat. Die Parallele zu der Beobachtung von C. G. Jung zu den somatischen Markern von Damasio ist offensichtlich. In moderner neurobiologischer Terminologie würde man sagen, dass das Material, das durch die Methode der Amplifikation gesammelt wurde, anhand der somatischen Marker des Klienten ausgewertet wird.

Die Ideenkorb-Technik, von der schon die Rede war, bezieht sich auf diese Methode von C. G. Jung. Die Person, die zu ihrem Bild gerne Ideen sammeln möchte, nimmt ihren imaginären Ideenkorb, spaziert mit ihrem Bild durch fremde Gehirne und sammelt deren Ideen, bis ihr Korb schön gefüllt ist. Anschließend wird die Ernte aus dem Korb mit Hilfe der somatischen Marker ausgewertet, nach dem Schema, das in Kapitel 10 beschrieben wurde. Für ein gutes Mottoziel taugen nur Ideen mit einem somati-

schen Marker von mindestens 70 im Plus und mit einem Wert von 0 auf der Minus-Skala. Zur Erinnerung sei noch einmal erwähnt, dass sich somatische Marker von Verstandesüberlegungen durch ihre Schnelligkeit unterscheiden.

Ich füllte zu meiner Biene also meinen Ideenkorb, indem ich einige Bekannte nach ihren Assoziationen zu diesem Tier befragte. Neben «Fleiß», «gutes Sozialverhalten», «arbeitsam» fand sich in meinem Ideenkorb auch die Assoziation «goldene Flügel». Diese Idee löste in mir einen starken positiven somatischen Marker aus, den ich mir auch gut erklären konnte. Wenn man eine Biene in einem ganz bestimmten Licht betrachtet, dann schimmern ihre Flügel tatsächlich golden und man sieht genau ihren filigranen und zarten Aufbau – ein kleines Wunderwerk der Natur. Über die Flügel der Biene ergab sich die Assoziation zu den Flügeln einer menschlichen Lunge, meiner Lunge. Und während bei mir die Vorstellung, in eine Menschenlunge Nikotin und andere Inhaltsstoffe des Tabaks hineinzurauchen, aus mir unbekannten Gründen nie den Wunsch erweckt hatte, dies nicht zu tun, so aktivierte das Bild des goldenen, zarten Bienenflügels starke Beschützerinstinkte in mir. In der Welt meiner Bilder ergab sich eine seltsame Vorstellung, die mir zwei kleine, goldene Bienenflügel auf dem Rücken wachsen ließ. Dass dieses Bild auch auf einem bereits vorhandenen assoziativen Netz aufbaute, das sich durch meinen Vornamen – Maja – und die literarische Figur der Biene Maja ergab, liegt nahe. Mein Mottoziel ergab sich aus diesem Bild. Er lautete: *Ich beschütze meine goldenen Flügel.* Was alle Nichtrauchkampagnen mit ihren abschreckenden Bildern von verrottendem Fleisch nicht erreicht hatten, das erreichten zwei Bienenflügel, von meinem Unbewussten in einer Kombination aus Körpervorstellung und Tierbild neu für mich erfunden. Die Wirkung dieses Satzes spürte ich sofort. Wenn der Wunsch nach einer Zigarette auftauchte, ich mir diesen Satz vorsagte und dazu in der Imagination die zwei goldenen Bienenflügel auf meinem Rücken bewegte, dann war es mir unmöglich, diese zwei unschuldigen Flügelchen mit brutalem Räucherwerk schwarz zu färben und ihrer Funktion zu berauben. Der Rauchimpuls wurde vom Beschützerinstinkt überlagert. Der Flügelschutz gestattete mir eine neue Priorität zu bilden und das Rauchpausenziel gegenüber konkurrierenden Zielen abzuschirmen.

Auch Michael, der Informatiker, der einen Motivkonflikt zwischen dem Stressabbau mit Rauchen und dem Wunsch nach innerer Freiheit bearbeiten wollte, hat mit der Methode der Wunschelemente eine Lösung gefunden, die uns alle verblüffte. Michael entschied sich für die beiden Wunschelemente «Landschaft» und «Auto». Die Frage für ihn lautete: «Welche Landschaft verfügt über Eigenschaften, die dir dabei helfen könnten, Freiheit und Stressabbau harmonisch zu kombinieren?» Seine Antwort kam schnell: «So eine Insel, irgendwie, die Malediven zum Beispiel. Hier herrschen Ruhe und Freiheit.» Als wir dieses Bild auf die somatischen Marker hin untersuchten, stellte sich jedoch heraus, dass bei der Maledivenruhe von seinem inneren Bild neben positiven somatischen Markern auch negative somatische Marker zu verzeichnen waren, deren Intensität er mit Minus 30 angab, also deutlich im negativen Bereich. Woher kam der negative Anteil an der gefühlsbasierten Auswertung des Malediven-Bildes? «Es ist zu ruhig», sagte Michael nach einigem Überlegen. «Diese Art von Ruhe eignet sich für die Ferien, aber nicht für meinen Job.

Da muss ich leistungsfähig sein und voll auf Zack. Ich kann ja nicht einfach die Füße auf den Schreibtisch legen und mit Arbeiten aufhören.» Der Stressabbau, den Michael durch die Zigarette vollzog, hatte wohl damit zu tun, ruhiger zu werden, aber es war keine Urlaubsruhe, die Michael brauchte. Durch die Arbeit mit dem Malediven-Bild war für Michael etwas deutlich geworden, das er so präzise vorher nicht gewusst hatte. Die Zigarette hatte in seinem Beruf auch etwas mit Leistungsfähigkeit zu tun, gar nicht nur mit Stressabbau. Solange er also einseitig nach alternativen Möglichkeiten gesucht hatte, Stress abzubauen, hätte er das, was die Zigarette ihm bieten konnte, gar nie vollständig ersetzen können. Es galt also nicht zwei, sondern drei Themen zu kombinieren. Den Stressabbau, die Hochleistung und die Freiheit.

Wir suchten nach einer Lösung für dieses neue Problem mit Wunschelement Nummer zwei, dem Auto. «Welche Automarke hat Eigenschaften, die dir dabei helfen können, eine Ruhe zu finden, die Hochleistung und Freiheit beinhaltet?» Mir selbst wäre auf diese Frage niemals im Leben eine Antwort eingefallen, darum war ich extrem neugierig, was Michael hierzu produzieren würde. «Ein Ferrari», war seine Antwort. «Wenn ein Fahrer ein Rennen fährt, dann muss er höchste Leistung bringen und gleichzeitig die Ruhe selbst sein. Die geringste Nervosität kann ihn das Leben kosten. Gleichzeit ist er Herr über alles, keiner redet ihm rein.» Ich selbst verstehe diesbezüglich viel zu wenig von Autorennen, als dass ich Michaels Gedankengängen hätte beipflichten können. Das ist für die Arbeit mit dieser Methode aber auch nicht notwendig. Denn benötigt wird ja nur ein einziges Motto und das muss dem Besitzer bzw. der Besitzerin etwas bedeuten. Ob der Rest der Welt damit etwas anfangen kann, ist völlig ohne Belang. Michael erbat sich einen Ideenkorb zu seinem Ferrari und wählte daraus die Worte «tanken» und «rot». Zusammen mit dem Wort «Ruhe» aus dem Maledivenbild ergab sich sein Mottoziel *Ich tanke rote Ruhe*. Diese Kombination von Worten mit den dazugehörenden Bildern und den daran gekoppelten Körpergefühlen ergab für Michael genau die Mischung aus Hochleistung, Freiheit und Ruhe, die er haben wollte, um nicht länger auf die Zigarette angewiesen zu sein. Ich führe den Prozess von Michael hier als Beispiel an, um zu zeigen, wie mit Hilfe der Bilderwelt auch komplizierte Motivkonflikte gelöst werden können.

Arbeitsblatt 7

Meine Ideenkörbe für meine Wunschelemente

Wunschelement Nr. 1 ....
....

Eigene Ideen ....
....

Ideen von anderen ....
....

Wunschelement Nr. 2 ....
....

Eigene Ideen ....
....

Ideen von anderen ....
....

Wunschelement Nr. 3 ....
....

Eigene Ideen ....
....

Ideen von anderen ....
....

Arbeitsblatt 8

Meine Mottoziele

Meine Lieblingsideen aus den Ideenkörben ...
(somatische Marker mindestens 70 Plus und 0 Minus)

....
....
....
....
....
....

... ergeben folgende Kombinationen

Variante Nr. 1 ....
....

Variante Nr. 2 ....
....

Variante Nr. 3 ....
....

Meine Lieblingsvariante / Mein Mottoziel
(somatische Marker mindestens 70 Plus und 0 Minus)

Theresa, die das Rauchen mit Simone de Beauvoir begonnen hatte, suchte nach einer Möglichkeit, weiterhin souverän zu sein, aber eben ohne Zigarette. Bei ihr bezog sich die Wunschelemente-Technik direkt auf Simone de Beauvoir selbst. Sie sah ein Bild von ihr als alter Dame. «Mein inneres Bild von Simone de Beauvoir hat eine Verwandlung erfahren. Sie ist nun alt und weise und muss sich nicht mehr beweisen.» Nach einer Runde Ideenkorb zu dieser veränderten Dame entwickelte sich Theresa das Motto *Voller Stolz zeige ich der Welt meinen neuen Panzer und gönne mir Erfolg und Freiheit.*

Andere Mottosätze, die durch die Arbeit mit Wunschelementen zustande kamen, sind zum Beispiel:

> Ich stehe im salz-frischen Blau.
>
> Im Gleitflug atme ich den intensiven Moment meines Lebens.
>
> Ich lasse rote Äpfel regnen und rauche frische Luft.
>
> König Barbar hält die Ohren steif.
>
> Die Nordsee wogt in mir.
>
> Ich bin eine erotische Alte.

Was alle diese Beispielsätze zeigen ist, dass es ganz und gar unerheblich ist, ob andere Menschen mit diesen Sätzen etwas anfangen können. Wichtig ist einzig und allein, dass sie für die betroffene Person Sinn machen und ein starkes positives Gefühl auslösen.

13 Wenn-Dann-Pläne

Für einige Menschen genügt es, sich auf der Haltungsebene der Zielpyramide ein gutes Mottoziel zu bauen, um das entsprechende Verhalten auf der unteren Ebene zu erzeugen. Bei mir war das für mein Rauch-Thema nicht möglich, das merkte ich sofort. Mein Mottoziel hieß *Ich beschütze meine goldenen Flügel*, und es erfüllte seine Funktion, mich mit guten Gefühlen zu motivieren, ganz ausgezeichnet. Für die Umsetzung jedoch – die untere Ebene der Zielpyramide – benötigte ich zusätzliche Hilfsmittel. Ich habe schon erwähnt, dass ich versuchen wollte, meine Rauchpause ohne Qual und innere Unruhezustände einzuleiten. Ich wollte das Rauchen einfach vergessen. Es sollte sich, ohne dass ich es wirklich registrieren musste, auf leisen Sohlen aus meinem Leben verabschieden. Um dies zu erreichen, waren zusätzliche Maßnahmen erforderlich. Ich benutzte hierfür eine spezielle Methode, die – wie alle Methoden, die ich bisher verwendet hatte – mit dem Unbewussten arbeitet.

Wir haben schon verschiedene Baustellen besprochen, die jemand vorfindet, der mit dem Rauchen aufhören will. Motivkonflikte und Identitätsprobleme sind eine Baustelle. Eine andere Baustelle ist die Zielabschirmung vor konkurrierenden Zielen. Wenn man diese Themen bearbeitet hat, taucht die nächste Baustelle auf – die, auf der ich mich jetzt befand. Diese Baustelle hat die Gewohnheiten zum Thema, die mit dem Rauchen verbunden sind und die daran anknüpfende Frage, wie Gewohnheiten verändert werden können. Um zu verstehen, wie man Gewohnheiten ändern kann, muss man sich klarmachen, was Gewohnheiten auf der Ebene der unbewussten Informationsverarbeitung darstellen. Gewohnheiten sind aus der Sicht der Psychologie so genannte Verhaltensautomatismen. Das sind Vorgänge, die das Gehirn und der Körper gänzlich ohne Zutun bewusster Informationsverarbeitung ausführen können.

Die Fähigkeit zur Bildung von Automatismen ist eigentlich eine großartige Leistung des Gehirns. Wenn man sich einmal an die erste

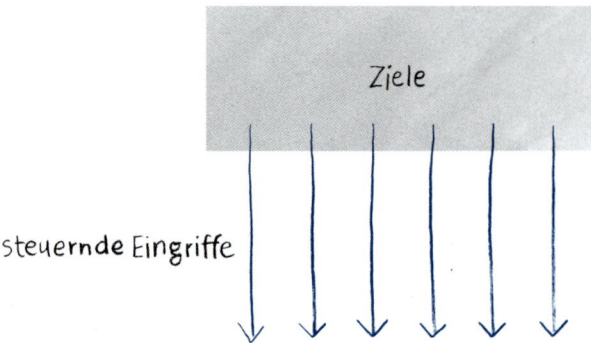
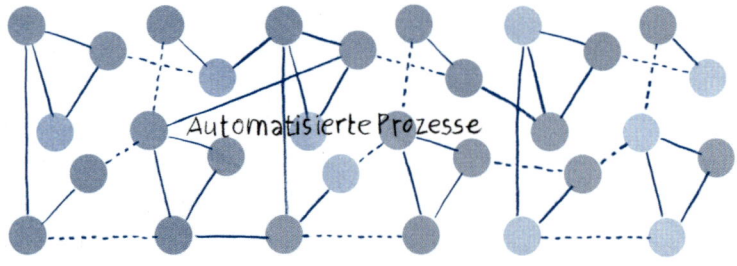
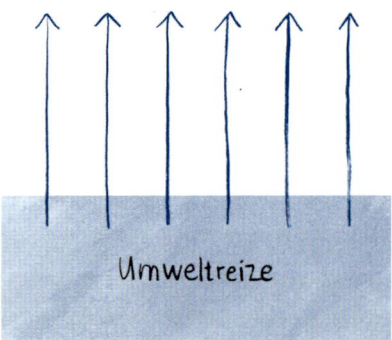

Abb. 17 Schematische Darstellung eines einfachen Modells der Wirkung von automatisierten Prozessen. Automatisierte Prozesse werden als selbstorganisiert funktionierende, neuronale Netzwerke konzipiert. Erregungsmuster werden «bottom-up» durch Umweltreize aktiviert. Ziele greifen steuernd in das Netzwerk ein. (Nach BERGER, 2005)

Fahrstunde erinnert, dann weiß man, was ich damit meine. Die erste Fahrstunde musste man noch ohne unbewusste Automatismen absolvieren. Dementsprechend schlecht war die Fahrleistung. Denn der bewusste Verstand, mit dem man all die verschiedenen Dinge wie Blinken, Gasgeben, Steuern, Kuppeln und so weiter bewältigen musste, hat nur eine sehr kleine Rechenkapazität. In Computerterminologie würde man sagen, sein Arbeitsspeicher ist klein. Darum ist er schnell überlastet und das Verhalten, dass nur über den Verstand geregelt wird, fällt dementsprechend mangelhaft aus. Die erste Stunde beim Tango-Lernen ist ähnlich erbärmlich. Ich persönlich bin gerade dabei, SuDoKu zu lernen und es macht mir großen Spaß, langsam, aber sicher die Schwierigkeitsstufen steigern zu können. Wenn man allmählich besser Auto fährt, besser Tango tanzt oder besser Klavier spielt, dann hängt das damit zusammen, dass das Unbewusste immer mehr die Regie übernimmt.

Kürzlich sah ich einen Film, der von einem Pianisten handelte, der berühmt war für sein besonders seelenvolles Spiel. Er gab einem Kollegen, dessen Spiel sich hölzern und technisch anhörte, den Tipp: «Du musst beim Spielen die Noten vergessen.» Damit sprach er die Fähigkeit an, die Verstandeskontrolle völlig auszuschalten und mit dem Unbewussten zu spielen. So etwas kann man natürlich nur hinkriegen, wenn man so viele Stunden geübt hat, dass alle Noten des Stückes bereits im Unbewussten vorhanden sind. Wenn ich einem Klavierschüler im ersten Jahr den Tipp gebe, die Noten zu vergessen, wird nicht viel Wunderbares dabei herausschauen. Das Sprichwort «Übung macht den Meister» bildet den Vorgang der Automatismenbildung im Unbewussten im Volksmund ab.

Die Beispiele, die ich bisher angesprochen habe, beziehen sich auf Fälle, in denen es willkommen und angestrebt ist, dass das Gehirn Automatismen bildet. Beim Rauchen haben wir es aber mit einem anderen Typ von Automatismus zu tun: dem unwillkommenen. Ob ein Automatismus willkommen oder unwillkommen ist, entscheiden wir mit dem Verstand anhand unser bewussten Überlegungen. Dem Unbewussten ist diese Bewertung des Verstandes egal, es erzeugt seine Automatismen in beiden Fällen – willkommen oder unwillkommen – nach demselben Prinzip. Das Prinzip besteht darin, dass bestimmte Auslösreize in der Umwelt die entsprechende Reaktion auslösen. **Abb. 17**

Die Abbildung verdeutlicht diesen Zusammenhang schematisch. Ich habe sie leicht abgewandelt aus der Doktorarbeit von Thomas Berger (2005) übernommen. Sie zeigt, dass unser Handeln im Großen und Ganzen von unbewusst verlaufenden automatisierten Prozessen geregelt wird, die sich weitgehend selbst (das heißt ohne Verstandeskontrolle) organisieren. Die Abbildung zeigt zwei Möglichkeiten, in diese Vorgänge einzugreifen. Die eine Möglichkeit besteht über den bewussten Verstand, durch Ziele. Wie ich schon dargestellt habe, kann man die Art und Weise, wie man sich die Ziele setzt, ausdifferenzieren, dies ist jedoch auf dieser Abbildung nicht das eigentliche Thema. Die Abbildung zeigt, dass auch die Umwelt direkten Zugriff auf die automatisierten Prozesse hat.

Menschen unterscheiden sich in dieser Hinsicht nicht besonders von dem Frosch, bei dem angesichts einer Fliege automatisch die Zunge herausschnellt. Alle Rauchenden wissen davon ein Lied zu singen. Die Zigarette zündet sich oft von selber an, ohne dass vorher ein bewusst wahrgenommener Willensakt stattgefunden hätte. Ausgangspunkte für den Automatismus «Päckchen suchen-Zigarette herausnehmen-Feuer suchen-Zigarette anzünden» – nennen wir ihn der Kürze zuliebe den PZFZ-Automatismus – sind bestimmte Situationen in der Außenwelt, die über ein Netzwerk von Assoziationen die PZFZ-Verhaltenssequenz auslösen. Für jemanden wie mich, die ich mein sehr positiv besetztes Mottoziel *Ich beschütze meine goldenen Flügel* in Handlung umsetzen wollte, bestand die Schwierigkeit darin, dass ein- und dasselbe Verhalten, nämlich die PZFZ-Sequenz, aufgrund meiner mittlerweile viele Jahre andauernden Lerngeschichte mit der Zigarette, durch zahlreiche verschiedene Umweltsituationen ausgelöst werden konnte.

Ich beobachtete mich diesbezüglich über einen Zeitraum von vier Wochen hinweg. Nach einer solchen Zeitspanne hat man die allermeisten Umweltsituationen, die in einem normalen Alltag vorkommen, erlebt, und hat sich einen guten Überblick über die verschiedenen Umweltreize verschafft, die eine PZFZ-Sequenz auslösen. Meine persönliche PZFZ-Analyse – in denjenigen Auszügen dargestellt, die ich publizieren kann und will – sah in etwa folgendermaßen aus:

Jetzt ist die Ampel rot, jetzt muss ich eine rauchen → PZFZ

Jetzt hab ich mich so ärgern müssen, jetzt erstmal eine rauchen → PZFZ

Jetzt bin ich viel zu früh und muss warten → PZFZ

Jetzt komm ich zu spät, o je und habe Stress → PZFZ

Das hat aber gut geklappt! Ich darf stolz sein → PZFZ

Das ist aber voll in die Hose, ich muss den Misserfolg verkraften → PZFZ

Jetzt hab ich so viel gearbeitet, jetzt brauch ich eine Pause → PZFZ

Jetzt ist es mir hier echt ungemütlich, darum rauche ich → PZFZ

Jetzt ist es gerade so gemütlich, darum rauche ich → PZFZ

Jetzt muss ich einen Artikel schreiben, konzentrieren → PZFZ

Jetzt muss ich über ein Problem nachdenken → PZFZ

Jetzt telefoniere ich → PZFZ

Jetzt hab ich Feierabend, wohlverdient, und kann relaxen → PZFZ

Jetzt trinke ich Rotwein, dazu schmeckt die Zigi am besten → PZFZ

Wie gesagt, meine Liste ist hier nur in Auszügen dargestellt, die Originalliste ist umfangreicher. Was jedoch schon aus dieser reduzierten Liste deutlich wird, ist die Tatsache, dass mein Unbewusstes im Laufe der Zeit eine große Menge von Umweltreizen direkt an die PZFZ-Sequenz angekoppelt hatte. Nach dieser Analyse war mir auch klar, weshalb ich mit der Sofort-Rauchstopp-Methode meine Schwierigkeiten gehabt hatte. Ich hatte für sehr viele Situationen keinen adäquaten neuen Automatismus bereit, sondern musste unzählige Male am Tag mit bewusster Verstandeskontrolle bereits anlaufende Automatismen hemmen. Das ist eine sehr mühselige Angelegenheit, die real erschöpfend wirkt, schlechte Laune verursacht, Spontaneität und Lebensfreude verhindert und die außerdem unter suboptimalen Alltagsbedingungen mit großer Wahrscheinlichkeit scheitern wird – ich erinnere an das Beispiel der nachlassenden Verstandesleistung nach dem Verzehr eines rohen Rettich.

In der Psychologie ist es die Verhaltenstherapie, die sich intensiv damit befasst hat, wie alte Automatismen verlernt werden und natürlich auch, wie man neue Automatismen aufbauen kann. Das Verlernen alleine genügt nämlich in den meisten Fällen nicht, man ist auf jeden Fall auf der sicheren Seite, wenn man an Stelle des alten Automatismus zusätzlich auch einen neuen aufbaut. Man hat dann ein altes, unerwünschtes Verhalten durch ein neues, erwünschtes ersetzt.

Aus der Verhaltenstherapie kennt man zahlreiche Methoden, die diese Vorgänge in die Wege leiten. Sie sind hinlänglich bekannt, darum möchte ich sie in diesem Buch nicht noch einmal beschreiben. Was ich hier vorstellen möchte, ist eine Methode, um mit relativ wenig Aufwand zu hocheffektiven Ergebnissen zu kommen. Es handelt sich um die Wenn-Dann-Pläne, die der Psychologe Peter Gollwitzer seit 15 Jahren erforscht und über die mittlerweile etwa 100 wissenschaftliche Studien vorliegen (Überblick bei GOLLWITZER & SHEERAN, 2006).

Die Wenn-Dann-Pläne sind Vorsätze, deren besonderes Kennzeichen darin besteht, dass sie die sprachliche Struktur haben «*Wenn* X passiert, *dann* werde ich Y tun.» Das besondere an diesen Plänen ist ihr Aufbau in der Form «Wenn-Dann». Baut man sich seinen Plan in dieser sprachlichen Form, ist man in der Lage, direkt auf die Ebene der unbewussten Automatismen zuzugreifen, darum nennt Gollwitzer diese Pläne auch den «automatisierten Willen». Wenn-Dann-Pläne bestimmen Zeit und Ort, an dem eine bestimmte Handlung ausgeführt werden soll. Durch ihre besondere sprachliche Form gelingt ihnen ein kleines Wunderwerk: Sie verbinden eine Situation, die von ihrem Wesen her kritisch und gefährlich ist, weil sie vom Ziel ablenken kann, im Unbewussten direkt mit dem zielführenden Verhalten. Sie ermöglichen also, über bewusste Planung auf dem Weg über die Umweltreize auf die Automatismen zuzugreifen. Die Abbildung zeigt den Weg, den die Wenn-Dann-Pläne nehmen. Abb.18

Wenn man sich einen Wenn-Dann-Plan gebaut hat, dann ist zum Beispiel derselbe Mensch, dessen Nerv tötende Redewise bisher der auslösende Umweltreiz für PZFZ war, nun der auslösende Umweltreiz für zielführendes Verhalten. Wenn-Dann-Pläne erleichtern das Leben erheblich und sind keineswegs nur für werdende Nichtraucherinnen oder Nichtraucher nützlich. Sie eignen sich immer dann, wenn es gilt, alte Automatismen zu umgehen und neue Automatismen aufzubauen. Hierfür genügt es, sich den Wenn-Dann-Plan einmal auf ein Blatt Papier zu schreiben, häufigeres Aufschreiben bringt keine Verbesserung der Effekte. Gollwitzer hat seine männlichen Studierenden mit Hilfe von Wenn-Dann-Plänen dabei unterstützt, eine schöne Frau anzusprechen. Meine Studierenden wenden Wenn-Dann-Pläne an, um in den Semesterferien ihre Arbeiten zu schreiben und nicht dem Müßiggang anheim zu fallen. Will man Experi-

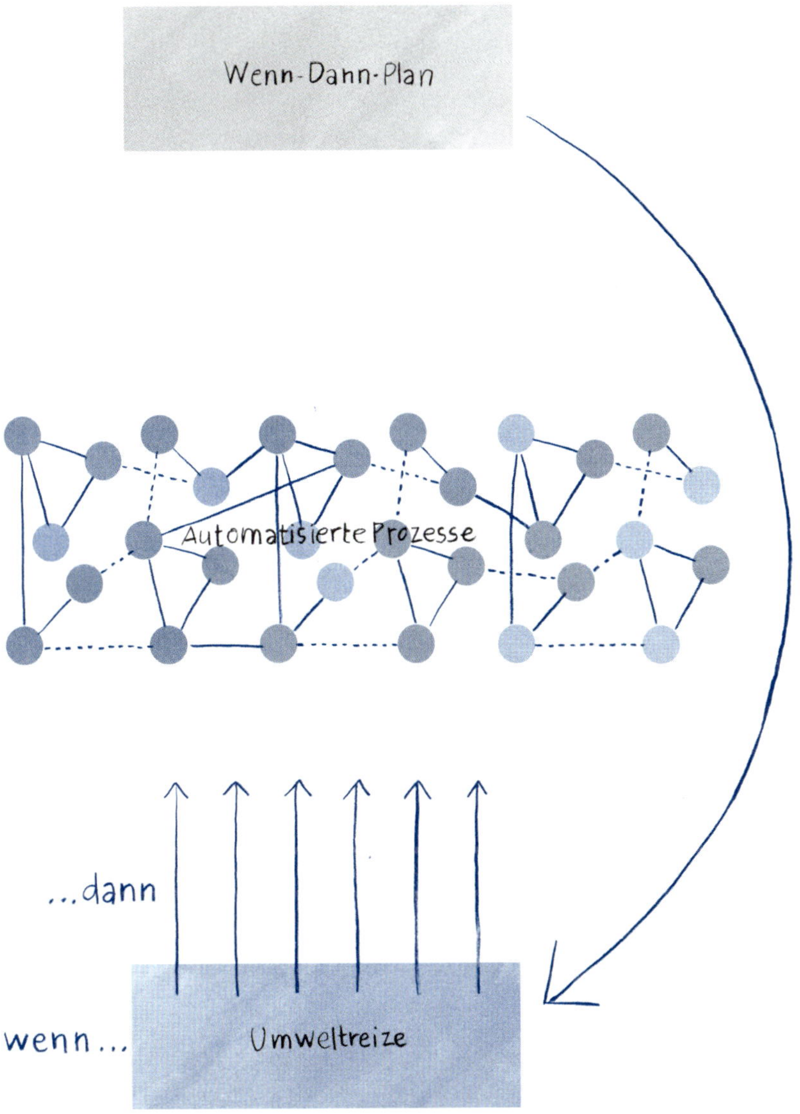

Wenn-Dann-Pläne

Abb. 18 Wenn-Dann-Pläne werden auf der bewussten Ebene geplant, entfalten ihre Wirkung jedoch, indem sie Umweltreize an unbewusst ablaufende, automatisierte Prozesse koppeln.

mente zur Wirksamkeit von Wenn-Dann-Plänen durchführen, so vergleicht man in der Regel die Erfolgsquote der Zielumsetzung der Personengruppe, die zu ihrem Ziel einen Wenn-Dann-Plan gebaut hat, mit der Erfolgsquote der Personengruppe mit einem Ziel ohne Wenn-Dann-Plan.

Lässt man zum Beispiel eine Personengruppe einfach nur den Vorsatz fassen: «Ich werde den öffentlichen Bus öfter benutzen» und macht die andere Gruppe sich hierfür einen Wenn-Dann-Plan «*Wenn* ich mein Büro verlasse, *dann* nehme ich den Bus», fahren von Gruppe eins 37 % öfter mit dem Bus und von der Wenn-Dann-Plan-Gruppe fahren 63 % mit dem Bus. Wenn eine Gruppe sich den Vorsatz fasst, täglich bestimmte Pillen einzunehmen und eine andere Gruppe diese Pilleneinnahme an einen Wenn-Dann-Plan koppelt (z.B. «*Wenn* ich meine Morgenzeitung zur Seite lege, *dann* nehme ich meine Pille»), dann vergessen aus Gruppe eins nach ein paar Wochen 61 % ihre Pillen, während aus der Wenn-Dann-Plan-Gruppe nach demselben Zeitraum nur 26 % ihre Pillen vergessen haben. Wenn-Dann-Pläne helfen bei schmerzhaften Mobilisierungsübungen nach Hüftgelenksoperationen, bei medizinischen Vorsorge-Untersuchungen, für die wöchentliche Fitness und Bewegung, bei der Änderung von Ernährungsgewohnheiten, bei der Unterdrückung von ungewollten Emotionen und beim Schutz vor Ablenkung. Wenn-Dann-Pläne sind ein Segen für das Selbstmanagement und sie wirken umso besser, je besser sie motivational verankert sind (Schweiger-Gallo & Gollwitzer, 2007).

Man benötigt nicht für jeden Wenn-Dann-Plan eine so ausführliche Motivklärung, wie ich sie für das Rauchen betrieben hatte. Wenn es sich um eine einmalige Sache handelt, die man ausführen will, wie zum Beispiel einen Zahnarztbesuch, dann genügt es völlig, diese Handlung mit einem Wenn-Dann-Plan abzusichern. Beabsichtigt man jedoch eine Handlung, die über einen längeren Zeitraum ausgeführt werden soll, wie es zum Beispiel Studierende müssen, die ihre Bachelorarbeit schreiben, empfiehlt es sich dringend, hierfür eine solide motivationale Basis zu erarbeiten. Für die Fälle, in denen an die beabsichtigte Handlung eine komplette Lebensumstellung gekoppelt ist, wie es beim Rauchen der Fall ist, bei der Absicht, mehr Bewegung in den Alltag zu bringen, oder wie es Patienten haben, die unter einer chronischen Krankheit leiden, die sie ein Leben lang beschäftigen wird, dann

sind motivational gut abgesicherte Mottoziele als Basis für Wenn-Dann-Pläne ein absolutes Muss.

Wenn-Dann-Pläne waren also die Methode meiner Wahl. Sie boten mir die Aussicht auf eine bedeutend größere Anzahl von Erfolgserlebnissen, verglichen mit der «normalen», althergebrachten Form, wie Vorsätze sonst gefasst werden. Aber ich wollte ja noch etwas Zusätzliches außer einer gelungenen Zielumsetzung. Ich wollte zusätzlich *keine* Qual und *keine* Entbehrung. Dies erreiche ich, indem ich meine PZFZ-Analyse in eine Rangreihe brachte. Ich legte eine Liste an, wie schwierig es für mich sein würde, für die jeweilige PZFZ-Sequenz einen geeigneten Ersatz zu finden. Die einfachste Situation war «Jetzt ist die Ampel rot, jetzt muss ich eine rauchen → PZFZ» und die schwierigste Situation war «Jetzt trinke ich Rotwein, dazu schmeckt die Zigi am besten → PZFZ».

Mein Vorgehen bestand nun darin, dass ich nicht mit der schwierigsten, sondern mit der leichtesten Situation anfing. Ich erlaubte mir, sämtliche Zigaretten aller anderen Situationstypen weiterhin zu genießen und arbeitete nur mit der leichtesten Situation. Meine Strategie war, erst dann mit der nächst schwierigeren Situation zu beginnen, wenn die einfache Situation so komplett neu automatisiert war, dass sie für mich keinen Verzicht mehr darstellte. Für den Aufbau eines neuen Automatismus rechnet man realistischerweise mit einem Zeitraum zwischen vier Wochen und einem halben Jahr – also kein Stress und immer mit der Ruhe. Mein Wenn-Dann-Plan für die rote Ampel-PZFZ hieß: «*Wenn* die Ampel rot ist, *dann* nehme ich mir eine Zitronenmelissenpastille aus der Schachtel im Handschuhfach.»

Ich hatte mir absichtlich diese Pastillen als Ersatz für die Zigarette ausgesucht, weil man darauf herumkauen konnte und so auch eine Art Aktivität mit den Lippen und dem Mundraum ausführt. Außerdem hatte ich die Schachtel extra im Handschuhfach verstaut, damit das Herausnehmen und Schachtelöffnen in etwa so viel Zeit beanspruchen würde, wie die PZFZ-Sequenz, die in diesem Fall mit der roten Ampel auch eine eindeutige Pausenfüller-Funktion hatte. Ich weiß noch, als sei es gestern gewesen, wie es war, als meine erste Ampel auf Rot stellte. Es war in Konstanz, auf der Laube, einer zweispurigen Straße mit vielen Fußgängerampeln. Der Wenn-Dann-Plan funktionierte, ich saß in meinem Auto atmete in meine goldenen Bienen-Flügelchen und kaute. Das Wunderbare trat ein. Ich fühlte mich *nicht* wie ein langweiliger Gesundheitsfreak, ich fühlte mich *nicht*, als hätte ich mich einer Mode unterworfen und ich fühlte keinen Verlust, keine Askese und keinen Verzicht. Es ging ganz einfach. Ich war eine Raucherin, die eine Rauchpause einlegte.

«Kunststück!» könnte man einwenden, «Klar ist das einfach, es war ja auch die einfachste Situation, die sie sich herausgesucht hat!» Dieser Einwand ist wichtig, und die Art und Weise, wie man ihm begegnet, nicht nur anderen Personen, sondern auch sich selbst gegenüber, ist von zentraler Bedeutung für die Entstehung von Umbauprozessen im eigenen Gehirn. Umbauprozesse werden wesentlich erleichtert, wenn neue Verhaltensweisen, die gelernt werden sollen, von Erfolg begleitet sind. Im Gehirn wird dann der Botenstoff Dopamin ausgeschüttet und der erleichtert den Aufbau von neuen Nervenverbindungen (HÜTHER, 2001; DOIDGE, 2008).

Auch wenn es von der Liste die einfachste Situation war: Aus der Sicht des Gehirns und des Unbewussten wurde eine enorme Leistung vollbracht. Die Situation, um zielrealisierend zu handeln, wurde identifiziert, ein neuer Automatismus wurde in Handlung überführt und die neu erarbeitete Haltung sorgte dafür, dass die Stimmungslage und das Identitätsgefühl auf die neue, erwünschte Art stabil blieben. Wenn Menschen damit beginnen, neue Automatismen aufzubauen, ist die mangelnde Würdigung von kleinen Erfolgen eines der Haupthindernisse, die man sich selbst in den Weg legen kann. Diese Ungeduld ist typisch für den Aufbau psychologischer Kompetenzen. Wenn es darum geht, ein Handwerk, ein Instrument oder eine neue Sportart zu erlernen, ist den meisten Menschen unmittelbar klar, dass Meisterschaft nicht über Nacht entsteht.

Niemand würde von einem Kletteranfänger, der mit Ach und Krach die Übungswand in der örtlichen Mehrzweckhalle bezwingt, allen Ernstes erwarten, dass er in der folgenden Woche mit Reinhold Messner einen Viertausender erfolgreich besteigt. Im psychologischen Bereich gehen aber viele Menschen mit sich und mit anderen genau so um, als könnte der psychologische Viertausender direkt auf die Kletterwand folgen und das auch gleich noch mit besten Ergebnissen. Das liegt vermutlich daran, dass das Wachstum von neuen Nervenverbindungen im Gehirn für das

menschliche Auge unsichtbar ist, außer wenn man teure Apparaturen benutzt. Darum wird es oft unterschätzt, einfach aus Unkenntnis und Mangel an Information. Um Geduld zu bekommen und um sich anzugewöhnen, jeden, auch scheinbar kleinen Erfolg gebührend zu schätzen, hilft die Vorstellung, dass im Gehirn die neuen Nervenverbindungen einen ähnlichen Prozess durchlaufen wie Muskeln, die im Fitness-Studio aufgebaut werden. Durch wiederholtes Üben und Aktivieren von neuronalen Netzen stärken sich die Verbindungen und irgendwann sind die Wege so gut gebahnt, dass sie automatisch ablaufen. Das alte Muster ist dann vergessen bzw. zuverlässig mit einer Umgehungsstraße versehen, und man hat sein Handlungsrepertoire um eine neue Variante erweitert.

Nach etwa vier Wochen hatte ich mich an die Verbindung «Jetzt ist die Ampel rot ⊗ Zitronenmelissenpastille» gewöhnt, sie war automatisiert, die PZFZ-Sequenz kam mir gar nicht mehr in den Sinn. So hatte ich mir das vorgestellt, als ich nach einer Möglichkeit suchte, das Rauchen einfach zu vergessen. Interessanterweise breitete sich das Vergessen der PZFZ-Sequenz ziemlich rasch auf das ganze Auto aus. Das wurde mitbegünstigt dadurch, dass ich meinen alten Wagen verkaufte und mir einen Neuwagen anschaffte. Der roch so fein nach neuem Auto, dass ich kurzerhand beschloss, in diesem Auto überhaupt nicht mehr zu rauchen, um mir den «Neues-Auto-Geruch» möglichst lange zu erhalten. Ich hatte also eine ganze Kategorie von Rauchgelegenheit eliminiert und zwar – das war mir nach wie vor das oberste Prinzip – ohne Zwang, Qual und Verzichtsgefühle.

Die nächste Stufe, die ich dann in Angriff nahm, war die «Jetzt hab ich mich so ärgern müssen, jetzt erstmal eine rauchen ⊗ PZFZ». Die Auflösung dieser Sequenz war für mich eigentlich auf natürliche Weise attraktiv, weil diese Vorstellung in mir einen hilfreichen Trotz auslöste. «Wieso soll ich mir wegen diesem Vollidioten meine kostbaren goldenen Flügel vollrauchen», dachte ich mir und zeigte dem jeweiligen Vollidioten im Geist einen Stinkefinger. Als Wenn-Dann-Plan nahm ich mir vor: «Wenn ich mich so ärgere, dass mir die Zigarette in den Sinn kommt, dann telefoniere ich mit jemandem und mache meinem Ärger Luft.» Diese Variante half mir, den Ärger loszuwerden und ihn nicht runterzuschlucken. Durch die Interaktion mit anderen Menschen bekam ich Mitgefühl, Verständnis und oft genug auch nützliche Hinweise, wie ich mit dem Ärgernis umgehen konnte. Auch hier fielen meinem Unbewussten im Lauf der Zeit neue Varianten ein, die ich zu Beginn gar nicht geplant hatte.

Eines Tages fand ich mich dabei wieder, wie ich nach dem Lesen einer ärgerlichen E-Mail ein Selbstgespräch führte – mein Unbewusstes hatte es für überflüssig gehalten, für die entlastende «Besprechung» eine externe Person zu bemühen, es regelte dies kurzerhand mit mir selbst. «Das würde dir so passen, wenn ich jetzt eine rauchen würde, von wegen, da hast du dich aber geschnitten, mein lieber Mann. Nix wird geraucht, da kannst du warten bis zum jüngsten Tag. So eine Schnarchnase wie du hat nur eines verdient und das ist eisiges Ignorieren. Wenn du denkst, ich reagiere auf deinen Schwachsinn, dann hast du falsch gedacht. Har har har. Ja, warte du nur.» Solche Sätze brabbelte ich vor mich hin. Das mag sich für Außenstehende etwas merkwürdig anhören, aber ich hatte in dieser Zeit ein Einzelbüro und wurde darum von niemandem argwöhnisch beäugt. Und das Wichtigste – es half! Ich hatte eine Form gefunden, mit Ärger umzugehen, die eine sehr gute Alternative zur PZFZ-Sequenz darstellte. Dieses neue Verhalten zu automatisieren, dauerte länger als die rote Ampel-Zitronenmelissenpastille. Im Rückblick würde ich sagen, dass ich zwischen drei und sechs Monaten daran arbeitete.

Auf diese Art ging ich nach und nach meine ganze Liste durch. Für jede PZFZ-Sequenz ließ ich mir alle Zeit der Welt und die nächste begann ich immer erst dann, wenn die vorhergehende komplett automatisiert war. Insgesamt habe ich für meine ganze Liste zwei Jahre gebraucht. Den beiden schwierigsten PZFZ-Sequenzen, die ich als letzte ins Visier nahm, widme ich ein eigenes Kapitel. Sie waren die letzte Hürde, die ich nehmen musste, um das Rauchen vollständig zu vergessen.

14 Das Rauchen vergessen

Nach etwa 1 1/2 Jahren waren von meiner Liste nur noch zwei PZFZ-Sequenzen übrig geblieben. Die zweitschwierigste PZFZ-Sequenz hiervon war für mich die, die das Rauchen mit dem Schreiben verband. Als ich diese Sequenz in Angriff nahm, rauchte ich in meinem Büro an der Universität bereits überhaupt nicht mehr. Es gab etliche Studierende, die der Ansicht waren, ich sei Nichtraucherin, weil man mich an der Uni praktisch tagsüber nicht mehr rauchen sah. Meine Artikel und Bücher schrieb ich immer daheim, an meinem Schreibtisch mit der Sicht auf die Hegauberge, und fürs Schreiben brauchte ich die Zigarette. Solange ich mit beiden Händen die Tastatur bediente, konnte ich ja nicht rauchen, da war das Thema geregelt. Der Griff zur Zigarette erfolgte immer dann, wenn der Schreibfluss ins Stocken kam und mir nichts mehr einfiel.

Das Schreiben hat für mich mit finanzieller Sicherheit zu tun, denn ich verdiene damit einen Teil meines Lebensunterhaltes. Von daher konnte ich es mir auf keinen Fall leisten, meine Schreibfähigkeit zu beeinträchtigen. Zu allem Überfluss war mir, kurz bevor ich diesen vorletzten Punkt meiner Liste beginnen wollte, ein Artikel unter die Augen gekommen, in dem berichtet wurde, dass Nikotin tatsächlich die Denkfähigkeit fördern konnte. O je, schlechte Nachricht. Vielleicht war ich ja auf das Nikotin angewiesen, um schreiben zu können? Ich machte mir echte Sorgen. Um diese Sorgen zu beruhigen, versprach ich mir selbst, nur einen Testlauf zu starten, ob ich beim Schreiben aufs Rauchen verzichten konnte. Falls ich feststellen musste, dass mein Schreibfluss nachhaltig zum Erliegen kommen würde, würde ich mir erlauben, beim Schreiben weiterhin zu rauchen, schöne Haut hin oder her. Was nützt mir schöne Haut, wenn ich mir kein Butterbrot mehr kaufen kann? Diesbezüglich galten andere Prioritäten. Diese innere Erlaubnis entspannte mich merklich. Meine Haltung bezüglich dieser PZFZ-Sequenz war jetzt eher die einer neugierigen Experimentalpsychologin, die eine Hypothese testet. Ich *musste* nicht mehr unbedingt, sondern ich *konnte*, wenn es klappte.

Es war klar, dass die Funktion des Rauchens bei der Schreib-PZFZ-Sequenz darin bestand, den kreativen Fluss anzuregen. Ich musste also für meinen Wenn-Dann-Plan nach etwas suchen, mit dem ich meine Kreativität fördern konnte. Am ehesten geeignet erschien mir hierzu etwas, das mit körperlicher Aktivität zu tun hatte. Den Schreibtisch verlassen und irgendeine kleine körperliche Sache tun. Diesen Wechsel vom Geistigen zum Körperlichen vollzog ich ohnehin schon immer, bisher allerdings nur in den «großen» Pausen, alle eineinhalb bis zwei Stunden. Wenn ich merkte, dass mein Geist vorerst erschöpft war, dann machte ich irgendwas im Haushalt. Ich schälte Kartoffeln oder putzte das Bad oder pflanzte die Tulpenzwiebeln. Irgendetwas mit den Händen, bei dem man wenig Denken, sondern mehr Tun musste. Was ich nun benötigte, war eine körperliche Alternative für die kleinen Schreibblockaden innerhalb der Schreibperioden. Ich kaufte mir hierfür ein Mini-Trampolin und baute es neben dem Schreibtisch auf. Sobald ich mit Schreiben nicht mehr weiterwusste, wollte ich für die Länge einer Zigarette Hüpfen gehen. «*Wenn* ich beim Schreiben Lust auf eine Zigarette habe, *dann* gehe ich Hüpfen» lautete mein Wenn-Dann-Plan. Diese Variante funktionierte überraschend gut. Im Nachhinein würde ich sagen, dass für mich der entscheidende

Entschluss darin bestanden hatte, meine Existenzsorgen mit der segensreichen Testphasen-Idee zu beruhigen. Es sieht alles danach aus, als hätte ich hier noch einmal einen Motivkonflikt zu bewältigen gehabt, der mir in dieser Form zu Beginn meiner Rauchpausen-Arbeit gar nicht bewusst war. Im bereits bekannten Schema zur Lösung von Motivkonflikten würde sich meine Lösung wie folgt darstellen. **Abb. 19**

Auch hier entwickelte ich im Lauf der Zeit verschiedene Varianten, die echte kreativitätsfördernde Alternativen zu PZFZ darstellen konnten. Während ich dieses Buch schreibe, verfüge ich über folgendes Repertoire: Hüpfen, Teetrinken, den Schneeflocken zuschauen, Teetrinken & Schneeflocken zuschauen, im Bürostuhl zurücklehnen, Teetrinken & Schneeflocken zuschauen & im Bürostuhl zurücklehnen, aufstehen und Blumen gießen, aufstehen und tote Fliegen vom Fensterbrett sammeln, im Bürostuhl zurücklehnen und Arme hinter dem Kopf verschränken, Fingerknöchel-Knacken, am Kopf kratzen und Hände massieren. Das sind die Verhaltens-Sequenzen der letzten Stunde Schreibtätigkeit, die mir mein Unbewusstes

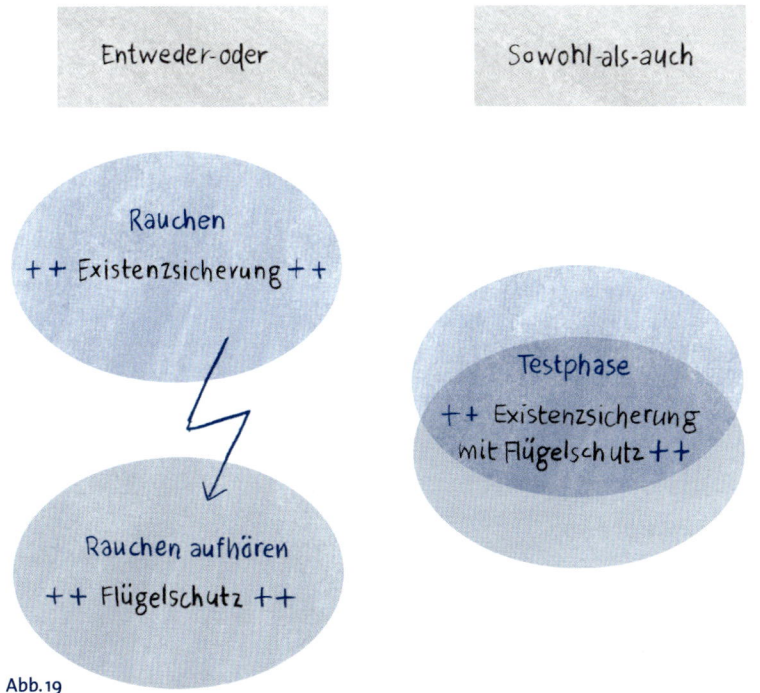

Abb. 19

automatisch serviert hat, ohne dass ich hierzu irgendeine bewusste Absicht fassen musste. Wie man unschwer sehen kann, hat diese Vielfalt von Verhaltensweisen den großen Vorteil, dass sie extrem verschieden sind bezüglich der Zeit, die sie in Anspruch nehmen. Die PZFZ-Sequenz dauert in etwa eine Zigarettenlänge. Sie presste meine Kreativität in ein vorgegebenes Zeitkorsett, da ich aus Gründen, die ich nicht weiter erforscht habe, nicht zu den «Zigarette-im-Aschenbecher-verglühen-lassen-Typen» gehörte. Von daher bin ich ohne Zigarette vermutlich sogar kreativer als vorher. Aber, wie gesagt, wenn das damals nicht geklappt hätte, würde ich heute noch beim Schreiben rauchen, das war eine ernste und ehrliche Entscheidung. Betrügen kann man das Unbewusste nicht.

Die aller-allerschwierigste Sequenz war für mich die «Jetzt trinke ich Rotwein, dazu schmeckt die Zigi am besten ☒ PZFZ». Sie war so schwierig, dass ich mir ursprünglich eigentlich vorgenommen hatte, diese Sequenz beibehalten zu wollen. Ich habe eine gute Freundin, die es schafft, grundsätzlich nicht zu rauchen. Nur in Gesellschaft und in Verbindung mit Alkohol greift sie zur Zigarette. Sie raucht den Abend lang hin und wieder eine gepflegte Zigarette und raucht dann die nächsten Tage wieder gar nicht. Diese Variante gefiel mir gut, und zunächst versuchte ich auch, so etwas hinzukriegen. Es gelang mir jedoch nicht. Sobald ich den ersten Schluck Rotwein gekostet hatte, geschah in mir eine Art General-Enthemmung. Ich rauchte eine nach der anderen und am Ende eines Abends in Gesellschaft und mit Alkohol hatte ich nicht fünf Zigaretten geraucht wie meine Freundin, sondern ein ganzes Päckchen. Es sah alles danach aus, dass ich zu dem gepflegten, kultivierten Rauchverhalten meiner Freundin nicht in der Lage war.

Obwohl ich mir von Anfang an gestattet hatte, das Rauchen in Verbindung mit Gesellschaft und Rotwein beizubehalten, ging es mir allmählich auf die Nerven. Vermutlich wäre die korrekte Formulierung nicht «*obwohl* ich es mir gestattet hatte», sondern «*weil* ich es mir gestattet hatte». Weil ich es mir nicht verboten hatte, war ich frei zu merken, dass es mir auf die Nerven ging. Der innerpsychische Vorgang ist vermutlich derselbe, wie bei der vorläufigen Erlaubnis, das Schreib-Rauchen beizubehalten, wenn es sich als unerlässlich herausstellen sollte. In der Psychologie ist ein Phänomen bekannt, dem man den Namen «Reaktanz» gegeben hat.

Damit beschreibt man die Tatsache, dass Menschen genau das besonders begehren, was verboten ist. Es kann für einen Film keine bessere Werbung geben, als wenn er zensiert wird. Wenn Menschen ihre Wahlfreiheit in Gefahr sehen, dann versuchen sie reflexartig, sich diese Wahlfreiheit zu sichern. Da ich von meiner Persönlichkeit her sowieso Freiheit als wichtigstes Gut in meinem Wertesystem hege und pflege, bin ich vermutlich anfälliger als andere Menschen für Reaktanz-Verhalten. Für mich war es darum wesentlich, weiter rauchen zu dürfen, und allmählich einen eigenen Widerwillen zu entwickeln.

Was mich vor allem störte, war der alkoholbedingte Verlust von Willensfreiheit. Ich erinnere daran, dass eines der wertvollsten Worte, das sich für mich mit der Zigarette verband, SELBSTBESTIMMUNG war. Davon konnte in diesen Zusammenhängen jedoch nicht die Rede sein. Der Zusammenhang von Alkoholpegel und Kontrollverlust war, was die Zigarettenmenge betraf, eklatant. Vor allem hatte ich am nächsten Morgen gar keine Erinnerung an Genuss-Zigaretten. Es war einfach nur ein Päckchen leer und meine Lunge pfiff auf dem letzten Loch. Ich fühlte mich, als sei ich mit dem ersten Schluck Rotwein und der ersten Zigarette in eine Art Zeittunnel geraten, durch einen Dimensionswirbel geschleudert und morgens in meinem Bett wieder abgesetzt worden. Chemie und automatische Prozesse hatten die Oberhand über meine Handlungen besessen, nicht ich selbst mit meinem freien Willen. Das gefiel mir nicht mehr und passte nicht mehr zu meinem Selbstbild.

Ich beschloss also, auch diese Thematik noch anzugehen. Etliche Male probierte ich es, beim Rotwein-Trinken nicht zu rauchen. Es klappte kein einziges Mal. Irgendwann wurde mir klar, dass ich vermutlich vorübergehend auf den Alkohol ganz verzichten musste, bis sich ein neuer Automatismus gebildet hatte, der Rotwein-Trinken auch ohne Rauchen erlaubte. Für etwa ein halbes Jahr trank ich gar keinen Alkohol mehr, um nicht rauchen zu müssen. Wenn ich mit meinem Mann alleine zu Hause war, stellte dies gar kein Problem dar, schwierig wurde es in den Zusammenhängen, die man gemeinhin die «gesellschaftlichen» nennt. Durch die selbstgewählte Total-Abstinenz wurde mir sehr deutlich vor Augen geführt, welche Art von Gesellschaft mir behagte und welche Art von Geselligkeit mich unter Stress setzte.

Als Nebeneffekt dieses halben Jahres radikalisierte sich meine Einstellung zu öffentlichen Veranstaltungen enorm. Solange ich noch geraucht und getrunken hatte, hatte ich eben – wie viele andere Menschen auch – Unbehagen durch chemische Stoffe narkotisiert. Das wollte ich nun nicht länger. Wenn bei einem gesellschaftlichen Anlass der Wunsch danach aufkam, eine zu rauchen und ein Glas Wein zu trinken, dann war das für mich ein Indiz dafür, diese Gesellschaft fürderhin zu meiden. Auf den meisten Partys werde ich seitdem nicht mehr gesehen. Große, lang dauernde Abendessen interessieren mich nicht mehr. Einladungen zu geselligem Beisammensein nach einer Theateraufführung oder einem Konzert lehne ich dankend ab. Nach außen mag es aussehen, als sei ich asozialer geworden. Für mich ist diese Radikalität eine Erlösung. Ich habe sie einzig und allein diesen sechs Monaten Totalabstinenz zu verdanken. Wer weiß, wie lange ich den Stress, den mir solche Situationen bereiten, mit Hilfe meiner rezeptfreien Narkosemittel noch durchgehalten hätte – vermutlich ziemlich lange. Der Begriff der FREIHEIT und der AUTONOMIE, der für mein Wertesystem als RAUCHREBELLIN so wesentlich war, ist auch in diesen Überlegungen wiederzufinden, nur unter anderem Vorzeichen. Für mich besteht die Autonomie inzwischen darin, nur noch mit Menschen zusammenzusein, die bei mir nicht den Wunsch nach sofortiger Betäubung auslösen. Und diese Freiheit, die ich mir seitdem gestatte, ist wesentlich radikaler als es die «alte» Variante war.

Nach etwa einem halben Jahr fühlte ich mich sicher genug, um zu schauen, wie ein Glas Rotwein ohne Zigarette schmeckt. Ich wählte für diesen ersten Versuch eine supergemütliche abendliche Situation mit meinem Mann, auf dem Balkon. Ein Genuss-Rotwein und kein Narkose-Wein. Es funktionierte einwandfrei, der Wein schmeckte, kein Gedanke an Zigarette tauchte auf. Ich hatte das Rauchen vergessen. So ist es seitdem geblieben und ich bin ziemlich überzeugt, dass das Rauchen für immer aus meinem Leben verschwunden ist. Zur Sicherheit, weil ich mich und meine Anfälligkeit für Reaktanz kenne, bezeichne ich mich aber nach wie vor *nicht* als Nichtraucherin. Ich bin eine Raucherin mit Rauchpause und ich vermute und hoffe stark, dass die Pause noch sehr lange dauern wird.

Nachwort

Mein Weg, einen neuen Umgang mit dem Rauchen zu finden, war kein schneller. Er hat Zeit benötigt und er hat auch erfordert, dass ich mir Gedanken mache über mich und mein Verhältnis zu meinen Werten und zu meiner Umwelt. Von daher ist meine Methode nichts für Menschen, die es eilig haben. Ich hatte ja aber alle Zeit der Welt und ich hatte vor allem ein ganz wesentliches Ziel: Ich wollte keine Qual. In meinem Bekanntenkreis treffe ich etliche Menschen, die mit Qual und Selbstkontrolle besser umgehen können als ich, denen es weniger auszumachen scheint als mir, sich zu kasteien und zu verzichten. Ich kann das nicht, ich konnte das noch nie. Das muss aber nicht heißen, dass ich deswegen nicht in der Lage bin, meine Absichten zu verfolgen, wie meine Geschichte – so hoffe ich – gezeigt hat. Ich habe das Ziel erreicht, das ich wollte, ein bisschen langsamer als andere vielleicht, aber genauso effektiv. Und auf diesem Weg habe ich nicht nur das Rauchen vergessen, sondern neue Einsichten über mich und meine Identität gewonnen. Er war also in jeder Hinsicht fruchtbar und im Nachhinein gesehen war es eine große, spannende Reise.

Während meiner Beschäftigung mit der Rauchthematik hätte ich immer gerne eine kurze medizinische Übersicht darüber gehabt, was von den psychologischen Phänomenen, die auftauchten, denn nun eine echte organische Ursache hat und was die «reine» Psychologie ist. Hilft rauchen tatsächlich beim Denken? Warum erlebt man einen Moment intensiver, wenn man raucht? Weshalb wird rauchen zur Betäubung eingesetzt? Ich hielt es daher für sinnvoll, meiner Geschichte, die sich auf die Psychologie bezieht, noch eine medizinische Übersicht anzufügen. Mir hätte eine Zusammenfassung dieser Art dabei geholfen, organische Phänomene von psychologischen Geschehnissen klarer trennen zu können. Wenn es Ihnen genauso geht, dann finden Sie im Anschluss an diese Zeilen eine Möglichkeit, sich über den aktuellen Stand des Wissens hierzu zu informieren. Claudia Steurer-Stey und Anja Frei vom Universitätsspital Zürich waren

Rauchpause

so freundlich, einige Aspekte ihres Fachwissens in diesem Buch präzise und gut verständlich in Kurzform zusammenzufassen.

Und was das Rauchen betrifft – vielleicht haben Sie Lust bekommen, eine Rauchpause ins Auge zu fassen. Vielleicht auch nicht. In beiden Fällen gilt: Sie können all die Ideen, die Ihr Unbewusstes beim Lesen dieses Buches sammeln konnte, einfach mal nachwirken lassen. Falls irgendwo in Ihrer Psyche der kleine Keim eines guten Grundes zu wachsen begonnen hat, wird er Ihnen in den nächsten Tagen und Wochen zu Bewusstsein kommen, da können Sie ganz beruhigt sein. Bis dahin wünsche ich Ihnen eine schöne Zeit!

Maja Storch

Ein Tipp: Die Zigarette mit Flügel in der Ecke des Buches oben rechts ist ein Daumenkino. Viel Spaß beim Ausprobieren – es funktioniert!
M. S.

Wie Zigaretten wirken: Medizinische und körperliche Aspekte des Rauchens

PD Dr. med. Claudia Steurer-Stey und Dr. phil. Anja Frei

Seitdem sich vor Restaurants lebhaft diskutierende Rauchergruppen formieren, droht den brav an den Tischen Bleibenden schleichende Vereinsamung. Trotzdem, ernsthaft glaubt heute niemand mehr an die Unschädlichkeit des Rauchens und Passivrauchens, und die meisten Raucher bereuen es, je angefangen zu haben und möchten auch irgendwann einmal wieder aufhören.

Wir gratulieren Maja Storch zur «Rauchpause» und danken Ihr dafür, dass Sie uns eingeladen hat, diesem Buch noch eine medizinische Übersicht anzufügen. Wir sind der Meinung, dass Raucherberatung eine individuelle, auf wissenschaftlicher Evidenz beruhende Unterstützung bieten sollte für eine möglichst qualfreie und erfolgversprechende, identitätsgerechte und lange andauernde Rauchpause. In diesem Sinne wünschen wir Ihnen viel Motivation, Einsichten und Erfolg!

Wussten Sie, dass …

- im deutschsprachigen Raum etwa 30 % der Erwachsenen rauchen
- jedes Jahr etwa ein Drittel der Raucher versucht aufzuhören
- 30–50 % der ehemaligen Raucher Nichtraucher werden
- die meisten mehrere Anläufe benötigten
- sich das Aufhören in jedem Alter lohnt
- nach 5 Jahren Abstinenz das Risiko für einen Herzinfarkt wieder gleich ist wie für jemanden, der nie geraucht hat
- mit jedem Jahr Abstinenz das Risiko einer Lungenkrebserkrankung wieder kleiner wird.

Rauchen und Gesundheit

Noch bis Mitte des vergangenen Jahrhunderts war wenig bekannt über die gesundheitsschädigende Wirkung des Tabakkonsums. Rauchen wurde als Zeichen eines kultivierten Lebensstils betrachtet. Es gibt aus heutiger Sicht erstaunliche Zeitberichte; so empfahlen beispielsweise diverse Ärzte ihren Patienten zu rauchen, um sich besser entspannen zu können. Nach Veröffentlichung der ersten Berichte in den USA über die Schädlichkeit des Tabakkonsums wurden in den letzten Jahrzehnten unzählige wissenschaftliche Arbeiten publiziert, die den Zusammenhang zwischen Tabakrauchen und Krankheit oder Tod belegen. Rauchen, vor allem das Rauchen von Zigaretten, ist eine der führenden Ursachen für verhinderbare Krankheiten und Todesfälle weltweit. Für Herz- und Gefäßkrankheiten wie Herzinfarkt und Durchblutungsstörungen sowie für Lungenkrebs und die Entstehung einer chronisch obstruktiven Lungenerkrankung (COPD), einer chronisch verengenden Bronchitis und eines Lungenemphysems ist das Rauchen die Hauptursache. Dazu kommt ein beträchtlich erhöhtes Risiko für andere Krebsarten.

Einer von zwei Rauchern stirbt an einer durch Tabak verursachten Erkrankung, einer von vier vor dem Alter von 70 Jahren. Durchschnittlich verkürzt ein Raucher sein Leben um zehn Jahre (CORNUZ, HUMAIR & ZELLWEGER, 2004; DOLL, PETO, BOREHAM & SUTHERLAND, 2004).

Warum beginnt man zu rauchen?

Da die negativen Folgen des Tabakkonsums heute auch den Jugendlichen bekannt sind, stellt sich die Frage: Weshalb beginnt jemand mit dem Rauchen? Wenn man die Motivation zum Tabakkonsum genauer betrachtet, kann grob unterschieden werden zwischen Eingangsphase / Experimentierstadium sowie Gewöhnungsphase / Abhängigkeit. Beim Rauchbeginn, der meist im Jugendalter erfolgt, liegt noch keine Abhängigkeit vor. Im Gegenteil, die ersten Zigaretten schmecken oft nicht, das Rauchen muss regelrecht «erlernt» werden. Dabei spielen einerseits soziale Motive eine Rolle wie das positive Image des Rauchens, das durch Verhaltensmodelle wie rauchende Eltern und «Peers» als Leitbilder für einen generationsspezifischen Lebensstil sowie durch suggestive Zigarettenwerbung genährt wird. Auch entwicklungsspezifische Motive wie das Bedürfnis nach Autonomie und die Neugier nach Neuem sowie emotionale Motive (Rauchen als Bewältigung von stressreichen Lebenslagen) sind zentral. Schon das experimentelle Rauchen von drei bis vier Zigaretten lockt über 90 % der Jugendlichen in die «Nikotinabhängigkeitsfalle», sie kommen in die Gewöhnungsphase. Frühere Motive wie zum Beispiel das positive soziale Image oder der Konformitätsdruck verlieren an Bedeutung, die körperliche und psychische Abhängigkeit steht je länger je mehr im Vordergrund (SCHWARZER, 2004).

Inhaltsstoffe der Zigarette

Im Tabakrauch befinden sich etwa 4000 Inhaltsstoffe, die unmittelbare kurz- und langfristige Auswirkungen auf den menschlichen Organismus haben (FRIEDERICH & BATRA, 2002). Die wichtigsten Schadstoffe des Tabakrauchs sind Kohlenmonoxid (CO), Teer, Cyanwasserstoff (HCN), Benzol, Formaldehyd, N-Nitrosamine, Hydrazin, Vinylchlorid, polyzyklische aromatische Kohlenwasserstoffe, Arylamine, freie Radikale, Cadmium, Blei, Nickel, Chrom, Aluminium und Polonium-210 (KEIL, 2005).

Nikotin ist nicht verantwortlich für die gesundheitsschädigende Wirkung des Rauchens, bildet aber hauptsächlich die Grundlage für die körperliche und psychische Abhängigkeit. Nikotin ist eine psychoaktive Droge und der Hauptwirkstoff im Zigarettenrauch, der auf das Nervensystem Einfluss nimmt. Durch seine chemische Struktur wirkt es wie ein natürlicher Botenstoff in den Nervenzellen und kann im Gehirn Entspannung, Glücksgefühle sowie Aufgeregtheit erzeugen. Von diesen erlebten positiven Effekten geht auch die hohe Suchtgefahr des Nikotins aus. In der suchterzeugenden Wirkung kommt Nikotin manchen biologischen Merkmalen von illegalen Drogen wie Kokain oder Heroin gleich (FRIEDERICH & BATRA, 2002).

Nikotinwirkung: Tausendsassa Zigarette

Beim Inhalieren wird durch das Verbrennen des Tabaks Nikotin freigesetzt und von den Lungenbläschen aufgenommen. Es gelangt in den Blutkreislauf und passiert die Blut-Hirnschranke innerhalb von sieben bis zehn Sekunden. Im Gehirn kommt es zur Ausschüttung von verschiedenen Botenstoffen (hauptsächlich Dopamin, Noradrenalin, Adrenalin, Serotonin, Vasopressin, β-Endorphin, Acetylcholin, Cortisol, Prolactin und Wachstumshormonen), womit psychotrope Effekte verbunden sind, die der Rauchende in Form einer positiven Befriedigung (Dopamin), einer Steigerung der Vigilanz, Aktivitäts- und Konzentrationsförderung (Noradrenalin) oder einer Dämpfung des Hungergefühls, einer Stimmungsaufhellung, Beruhigung oder Angstlösung (Serotonin) erleben kann. Die größte Bedeutung bei der Vermittlung der positiven Verstärkerwirkung des Nikotins wird dem dopaminergen Belohnungssystem im Mittelhirn (Nucleus accumbens) zugeschrieben. Eine Nikotin-Überdosierung kann zu Nervosität, Schlaflosigkeit, Schwindel und Übelkeit führen. Zusammengefasst beeinflusst das Nikotin bzw. das Rauchen die Stimmungslage (Stimmungsaufhellung, Angstlösung, Erhöhung Genussempfindung, Stresstoleranz, Beruhigung), die Leistungsfähigkeit (Steigerung Aufmerksamkeit, Konzentration, psychomotorischer Leistungsfähigkeit und Gedächtnisleistung) sowie das Körpergewicht (Dämpfung Hungergefühl, Beschleunigung Stoffwechselvorgänge) (FRIEDERICH & BATRA, 2002; HAUSTEIN, 2001).

Nikotin wirkt bivalent, das heißt auf zwei Arten. Je nach Ausgangssituation und Dosierung ist sein Effekt anregend oder beruhigend. Bei niedriger Dosierung wirkt Nikotin anregend und antriebssteigernd – der Rauchende erlebt subjektiv eine verbesserte kognitive Leistungsfähigkeit und einen verminderten Appetit. Bei einer höheren Dosierung ist die Wirkung des Nikotins beruhigend, entspannend und sedierend. Welche Wirkung das Nikotin im konkreten Moment entfaltet, ist von verschiedenen Faktoren abhängig. Eine wichtige Rolle spielt die psychische und physische Situation des Rauchenden, wobei die Nikotindeprivation, die psychische Befindlichkeit, Vigilanz sowie die Erwartungshaltung des Rauchenden in Zentrum stehen. Außerdem ist die Kinetik der Nikotinaufnahme wesentlich für die Wirkung. Wird das Nikotin, wie beim Rauchen üblich, über die Lunge aufgenommen, wirkt es sehr rasch. Wird es über die Nasen-/Mundschleimhaut oder über die Haut dem Körper zugeführt, ist die Wirkung langsamer. Zudem spielt die Menge des aufgenommenen Nikotins, also die Nikotindosis, für die Wirkung eine Rolle. Ein erfahrener Raucher kann die Wirkung durch die Frequenz und Tiefe der Inhalation meist unbewusst beeinflussen.

Nikotinabhängigkeit

Ein Raucher oder eine Raucherin nimmt pro Zigarette etwa 1 bis 3 mg Nikotin auf, ziemlich unabhängig davon, wie hoch der Nikotingehalt durch den Hersteller auf der Packung deklariert wird. Raucher von leichten Zigaretten neigen dazu, tiefer zu inhalieren, um mehr Nikotin absorbieren zu können. Der höchste Nikotingehalt im Blut wird innerhalb von etwa fünf Minuten erreicht, und die Halbwertzeit von Nikotin beträgt ungefähr zwei Stunden. Eine Person, die täglich raucht, besitzt am Morgen die tiefste Nikotinkonzentration im Blut. Nach der ersten Zigarette steigt die Konzentration an und bleibt am Nachmittag auf hohem Niveau konstant, mit Schwankungen bei jeder neuen Zigarette.

Wie andere Drogen verlangt auch Nikotin Nachschub, sobald die Konzentration im Blut absinkt. Dieses Absinken des Nikotinspiegels erleben abhängige Rauchende als starken Drang nach einer Zigarette, und viele Rauchende fühlen sich beim Rauchen nur deshalb besser, weil sie damit Entzugssymptome kompensieren.

Die Nikotinabhängigkeit wird mittels Fagerström-Test anhand von sechs Fragen eingeschätzt. Je höher der Summenwert ausfällt, desto höher wird die Nikotinabhängigkeit beurteilt. Die zwei wichtigsten Größen dabei sind der Umfang des täglichen Zigarettenkonsums sowie das morgendliche Rauchen bzw. der Zeitpunkt der ersten Zigarette nach dem Erwachen (HEATHERTON, KOZLOWSKI, FRECKER & FAGERSTRÖM, 1991).

Möchten Sie Ihre Nikotinabhängigkeit testen? Dann machen Sie den Test auf den folgenden Seiten.

Test für Nikotinabhängigkeit

Wie viele Zigaretten rauchen Sie durchschnittlich pro Tag?

☐ bis 10 Zigaretten	0 Punkte
☐ 11 – 20 Zigaretten	1 Punkt
☐ 21 – 30 Zigaretten	2 Punkte
☐ mehr als 30 Zigaretten	3 Punkte

Wann nach dem Aufwachen rauchen Sie Ihre erste Zigarette?

☐ innerhalb von 5 Minuten	3 Punkte
☐ innerhalb von 6 bis 30 Minuten	2 Punkte
☐ innerhalb von 31 bis 60 Minuten	1 Punkt
☐ nach 60 Minuten	0 Punkte

Finden Sie es schwierig, an Orten, wo das Rauchen verboten ist (z.B. in der Kirche, im Kino, in der Bibliothek usw.), darauf zu verzichten?

☐ ja	1 Punkt
☐ nein	0 Punkte

Auf welche Zigarette würden Sie nicht verzichten wollen?

☐ die erste am Morgen nach dem Erwachen	1 Punkt
☐ eine andere	0 Punkte

Rauchen Sie in den ersten Stunden nach dem Aufstehen im Allgemeinen mehr als am Rest des Tages?

☐ ja	1 Punkt
☐ nein	0 Punkte

Kommt es vor, dass Sie rauchen, wenn Sie krank sind und tagsüber im Bett bleiben müssen?

☐ ja	1 Punkt
☐ nein	0 Punkte

Auflösung:

0 bis 2 Punkte:	sehr geringe Abhängigkeit
3 bis 4 Punkte:	geringe Abhängigkeit
5 Punkte:	mittlere Abhängigkeit
6 bis 7 Punkte:	starke Abhängigkeit
8 bis 10 Punkte:	sehr starke Abhängigkeit

Entzugssymptome

Beim Ausbleiben der Nikotinzufuhr kommt es zu Entzugssymptomen, die zunächst nur unbewusst wahrgenommen werden und zum erneuten Zigarettenkonsum führen.

Die häufigsten Nikotinentzugssymptome sind das starke Verlangen nach Tabak (Craving), Reizbarkeit/Ruhelosigkeit, Stimmungstiefs, Ängstlichkeit, Konzentrationsschwierigkeiten, Appetitsteigerung, Schlafstörungen, Kopfschmerzen und Verdauungsstörungen/Verstopfung. Entzugssymptome werden unterschiedlich empfunden und bewertet. Sie treten in der Regel rasch auf und erreichen das Maximum zwischen 24 und 48 Stunden. Nach zwei bis vier Wochen klingen die körperlichen Entzugserscheinungen wieder ab mit Ausnahme des Cravings. Intensität und insbesondere Häufigkeit des Cravings verringern sich jedoch rasch nach dem Rauchstopp. Nikotinentzugssymptome können mit Medikamenten stark gedämpft oder ganz zum Verwinden gebracht werden.

Rauchstopp: Wieso ist das Aufhören so schwierig?

Der Nutzen eines Rauchstopps ist umso höher, je früher man aufhört und solange noch keine Krankheiten vorliegen. Schätzungsweise versucht jährlich etwa jede(r) Dritte, das Rauchen aufzugeben. Die meisten Personen benötigen mehrere Aufhörversuche bis zum erfolgreichen Rauchstopp, im Schnitt sind es vier bis fünf Anläufe.

Die Tabakabstinenz ist für einen regelmäßigen Raucher deshalb so schwierig zu erreichen, da das Nikotin nebst der körperlichen auch eine psychische Abhängigkeit verursacht. Das Rauchen wurde bei mehrjährigen Rauchenden mit unzähligen Gewohnheiten, Alltagssituationen, Gefühlszuständen und Handlungen verbunden, und diese wirken als Auslöser für das Verlangen nach einer Zigarette. Hinzu kommen die gefürchteten «negativen» Folgen des Aufhörens wie Entzugssymptome, Verzicht aufs Vergnügen und Gewichtszunahme, um nur einige zu nennen. Außerdem wurde das Rauchverhalten im Laufe der Zeit in das Selbstbild aufgenommen und ist als Kommunikationsform und Coping-Strategie in das individuelle Verhaltensrepertoire eingegangen.

Was kann getan werden?

Wenn man mit dem Rauchen aufhören will, ist es zentral, sich mit den persönlichen Vorteilen des Nichtrauchens auseinanderzusetzen und diesen konkreten Gewinn des Rauchstopps zu verinnerlichen. Hilfreich ist es, wenn man sich im Vorfeld des Rauchstopps mit dem eigenen Rauchverhalten auseinandersetzt und sich über die persönlichen Auslöser für den Griff zur Zigarette bewusst wird. Für die jeweiligen Situationen kann man sich konkrete Ersatzhandlungen überlegen und Bewältigungsstrategien vorbereiten. Medikamente können den Rauchstopp erleichtern und die Entzugssymptome dämpfen. In den ersten Tagen nach dem Rauchstopp ist es sinnvoll, Situationen zu meiden, die mit dem Rauchen verbunden waren. Zudem ist eine Portion Zuversicht angebracht: Je länger man nicht mehr raucht, desto mehr gerät die Rauchlust in den Hintergrund. So wie man «gelernt» hat, in gewissen Situationen Lust auf eine Zigarette zu bekommen, so «verlernt» man mit der Zeit wieder, dass diese Situationen mit dem Rauchen in Verbindung standen. Meist geht dies schneller als erwartet.

Hilfreich ist es, Freunde und Angehörige zu informieren und um Unterstützung zu bitten sowie die Hilfe des Hausarztes und Fachpersonen in Anspruch nehmen. Im Internet gibt es einige gute Seiten mit Informationen und Ratschlägen sowie Hinweise zu Rauchentwöhnungs-Programmen (siehe Links).

Verschiedene Methoden zur Rauchentwöhnung erhöhen die Erfolgsaussichten für einen dauerhaften Rauchstopp deutlich. Die besten wissenschaftlich nachgewiesenen Erfolgsaussichten besitzt die intensive Einzelberatung in Kombination mit einer medikamentösen Therapie. Generell belegen Studien, dass bei zunehmender Intensität der Beratung die Erfolgsaussicht zunimmt, und dass eine medikamentöse Unterstützung in der Regel den Abstinenzerfolg verdoppelt. Natürlich beeinflussen nebst der Methode noch viele andere Faktoren den Rauchstopperfolg, nicht zuletzt die Motivation und die Zuversicht, den Rauchstopp auch zu schaffen, die psychische Gesundheit sowie gewisse Lebensumstände.

Medikamentöse Behandlung bei der Tabakentwöhnung

Nicorette® und Nicotinell® (nikotinhaltige Medikamente)

- Darreichungsformen: Pflaster, Kaugummi, Lutschtabletten, Sublingualtabletten, Inhaler.
- Inhalt und Wirkung: Durch das Medikament wird dem Körper Nikotin zugeführt. Somit werden Entzugssymptome gedämpft und die Rückfallgefahr nach dem Rauchstopp reduziert.
- Behandlungsdauer: 2 bis 3 Monate, nach 4 bis 6 Wochen kontinuierliche Reduktion der Dosis.
- Kosten: Die Kosten der Medikamente pro Tag sind etwa gleich teuer wie ein Paket Zigaretten. Sie werden nicht von der Krankenkasse übernommen.
- Erhältlich: Rezeptfrei in der Apotheke erhältlich (mit Ausnahme des Inhalers). Lassen Sie sich vom Arzt, Apotheker oder einer Fachstelle beraten.

Champix® (Varenicline)

- Inhalt und Wirkung: Der Wirkmechanismus von Champix® beruht auf der Stimulation der Nikotinrezeptoren. Einerseits werden Entzugssymptome gedämpft und das Verlangen gemildert, andererseits werden die Rezeptoren für eine weitere Stimulation durch Nikotin blockiert, das Rauchen verliert seinen belohnenden Effekt. Die häufigsten Nebenwirkungen von Champix® sind Übelkeit und Schlafstörungen (abnorme Träume).
- Behandlungsdauer: 12 Wochen, kann nochmals um 12 Wochen verlängert werden, Rauchstopp ca. 7 bis 14 Tage nach Beginn der Behandlung.

- Kosten: Die Kosten der Medikamente pro Tag sind etwa gleich teuer wie ein Paket Zigaretten. Sie werden nicht von der Krankenkasse übernommen.
- Erhältlich: Muss von einem Arzt verschrieben werden. Wegen möglicher Nebenwirkungen sorgfältige Abklärung der Kontraindikationen.

Zyban® (Bupropion)

- Inhalt und Wirkung: Zyban® wurde ursprünglich als Antidepressivum auf den Markt gebracht und wird seit einigen Jahren erfolgreich in der Rauchentwöhnung eingesetzt. Es dämpft die Entzugserscheinungen und vermindert das Verlangen nach Zigaretten und ist besonders geeignet für stark nikotinabhängige Personen und solche, die bereits mehrere Rückfälle erlebt haben. Es enthält kein Nikotin und ist kombinierbar mit Nikotinersatzpräparaten. Die häufigsten Nebenwirkungen von Zyban® sind Schlafstörungen und Mundtrockenheit.
- Behandlungsdauer: 7 bis 9 Wochen, Rauchstopp 1 bis 2 Wochen nach Beginn der Behandlung.
- Kosten: Die Kosten der Medikamente pro Tag sind etwa gleich teuer wie ein Paket Zigaretten. Sie werden nicht von der Krankenkasse übernommen.
- Erhältlich: Muss von einem Arzt verschrieben werden. Wegen möglicher Nebenwirkungen sorgfältige Abklärung der Kontraindikationen.

Lieber dünn – das leidige Thema Gewichtszunahme

Eine mögliche Gewichtszunahme ist eine häufige Sorge von Frauen aber auch Männern, die mit dem Rauchen aufhören wollen. Tatsächlich nehmen einige Personen nach einem Rauchstopp zu. Die Zunahme fällt jedoch oft geringer aus als befürchtet, durchschnittlich sind es 3 kg bis 5 kg. Die Gesundheitsrisiken durch die Gewichtszunahme sind verglichen mit denjenigen des Rauchens vernachlässigbar klein. Die Hauptrolle für die Gewichtszunahme spielt das Nikotin. Einerseits wirkt es appetithemmend, andererseits erhöht es auf künstliche Weise den Energieverbrauch, was dazu führt, dass Rauchende etwa 200 Kalorien mehr verbrennen pro Tag als Nicht-Rauchende. Hinzu kommt, dass das Essen ein Ersatz für das Rauchen werden kann. Durch eine abwechslungsreiche, gesunde Ernährung sowie vermehrte Bewegung im Alltag kann einer Gewichtszunahme vorgebeugt werden. Es ist sehr empfehlenswert, nach einem Rauchstopp regelmäßig Sport zu treiben. Dadurch können auch mögliche Entzugssymptome gedämpft werden und die verbesserte Leistungsfähigkeit des Körpers wird spürbar. Eine medikamentöse Unterstützung verzögert eine mögliche Gewichtszunahme. Längerfristig betrachtet pendelt sich das Gewicht von Ex-Rauchenden meistens wieder ein.

Links und Adressen

Zentrum für interdisziplinäre Patientenschulung und Beratung
Universitätsspital Zürich
www.zip.usz.ch

Arbeitsgemeinschaft Tabakprävention Schweiz,
Dachorganisation zur Förderung des Nichtrauchens
www.at-schweiz.ch

Kampagne des Bundesamtes für Gesundheit, Schweiz
www.rauchenschadet.ch

Lungenliga Zürich, gemeinnützige Organisation und Beratungsstelle
für die Lunge und Atemwege
www.lungenliga-zh.ch

Bundeszentrale für gesundheitliche Aufklärung (BZgA), Deutschland
www.bzga.de

WHO-Kollaborationszentrum für Tabakkontrolle,
Deutsches Krebsforschungszentrum (DKFZ)
www.tabakkontrolle.de

Österreichische Initiative Ärzte gegen Raucherschäden
www.aerzteinitiative.at

Literaturverzeichnis

BARGH, J. (2006). *What have we been priming all these years? On the development, mechanisms, and ecology of nonconscious behavior.* European Journal of Social Psychology, 36, 147–168.

BERGER, Th. (2005). *Die Dynamik psychischer Störungen. Strukturen und Prozesse aus der Perspektive konnektionistischer Modelle.* Dissertation, Universität Freiburg.

BUCCI, W. (2002). *The referential process, consciousness, and the sense of self.* Psychoanalytical Inquiry, 22 (5), 776–793.

CARVER, C. S. & SCHEIER, M.F. (1998). *On the self-regulation of behavior.* New York: Cambridge University Press.

CORNUZ, J., HUMAIR, J. P. & ZELLWEGER, J. P. (2004). *Tabakentwöhnung 1. Teil: Wie es geht und was es bringt.* Swiss Medical Forum, 4, 764–770.

DAMASIO, A. (1994). *Descartes' Irrtum. Fühlen, Denken und das menschliche Gehirn.* München: List.

DAMASIO, A. (2004). *Ich fühle, also bin ich. Die Entschlüsselung des Bewusstseins.* München: List.

DE CORBAN, A. (2004). *Clean vom Nikotin.* Feldmeilen: Edition Sternenvogel.

DOIDGE, N. & NEUBAUER, J. (2008). *Neustart im Kopf. Wie sich unser Gehirn selbst repariert.* Frankfurt a. M.: Campus.

DOLL, R., PETO, R., BOREHAM, J. & SUTHERLAND, I. (2004). *Mortality in relation to smoking: 50 years' observations on male British doctors.* BMJ, British Medical Journal, 328, 1519–1533.

FISHBACH, A., FRIEDMAN, R. S., & KRUGLANSKI, A.W. (2003). *Leading us not into temptation: Momentary allurements elicit overriding goal activation.* Journal of Personality and Social Psychology, 84, 148–163.

FRIEDERICH, H. M. & BATRA, A. (2002). *Biologische und psychosoziale Bedingungen der Tabakabhängigkeit.* Zeitschrift für Medizinische Psychologie, 11, 157–163.

GOLLWITZER, P. & SHEERAN, P. (2006). *Implementation intentions and goal achievement: A meta-analysis of effects and processes.* Advances in Experimental Psychology, 38, 69–119.

HARTER, S. (1999). *The construction of the self. A developmental perspective.* New York: Guilford.

HARTER, S. (2003). *Development of self-representations during childhood and adolescence.* In: M. LEARY and J. P. TANGNEY (Eds.), *Handbook of self and identity* (pp. 610–642). New York: Guilford.

HAUK, O., JOHNSRUDE, I. & PULVERMULLER, F. (2004). *Somatotopic representation of action words in human motor and premotor cortex.* Neuron, 41, 301–307.

HAUSTEIN, K.-O. (2001). *Tabakabhängigkeit. Gesundheitliche Schäden durch das Rauchen.* Köln: Deutscher Ärzte-Verlag.

HEATHERTON, T. F., KOZLOWSKI, L. T., FRECKER, R. C. & FAGERSTROEM, K.-O. (1991). *The Fagerstroem Test for Nicotine Dependence: A revision of the Fagerstroem Tolerance Questionnaire*. British Journal of Addiction, 86, 1119–1127.

HÜTHER, G. (2001). *Bedienungsanleitung für ein menschliches Gehirn*. Göttingen: Vandenhoeck und Ruprecht.

KEIL, U. (2005). *Die gesundheitliche Bedrohung durch den Tabakkonsum*. In: A. BATRA (Hrsg.), *Tabakabhängigkeit. Wissenschaftliche Grundlagen und Behandlung* (S. 17–29). Stuttgart: W. Kohlhammer GmbH.

LEDOUX, J. (2001). *Das Netz der Gefühle. Wie Emotionen entstehen*. München: dtv.

MARTENS, J. U. & KUHL, J. (2004). *Die Kunst der Selbstmotivierung. Neue Erkenntnisse der Motivationsforschung praktisch nutzen*. Stuttgart: Kohlhammer.

MURAVEN, M. & BAUMEISTER, R. F. (2000). *Self-regulation and depletion of limited resources: Does self-control resemble a muscle?* Psychological Bulletin, 126, 247–259.

LAKOFF, G. & NUNEZ, R. (2000). *Where mathematics comes from. How the embodied mind brings mathematica into being*. New York: Basic Books.

ROTH, G. (2007). *Persönlichkeit, Entscheidung und Verhalten. Warum es so schwierig ist, sich und andere zu ändern*. Stuttgart: Klett Cotta.

SCHWEIGER-GALLO, I. & GOLLWITZER, P. (2007). *Implementation intentions: A look back at fifteen years of progress*. Psicothema, 19, 37–42.

SHAH, J. Y. & KRUGLANSKI, A. W. (2008). *Structural dynamics. The challenge of change in goal systems*. In: J. Y. SHAH & W. L. GARDNER (Eds.). *Handbook of motivation science* (pp. 217–229). New York: Guilford.

STEINIG, W. (2007). *Als die Wörter tanzen lernten. Ursprung und Gegenwart von Sprache*. Heidelberg: Spektrum Akademischer Verlag.

STORCH, M., CANTIENI, B., HÜTHER, G. & TSCHACHER, W. (2007). *Embodiment. Die Wechselwirkung von Körper und Psyche verstehen und nutzen*. Bern: Huber.

STORCH, M. & KRAUSE, F. (2007, 4. Aufl.). *Selbstmanagement – ressourcenorientiert. Grundlagen und Trainingsmanual für die Arbeit mit dem Zürcher Ressourcen-Modell ZRM*. Bern: Huber.

STORCH, M. & RIEDENER, A. (2004). *Ich pack's! Selbstmanagement für Jugendliche*. Bern: Huber.

SCHWARZER, R. (2004). *Psychologie des Gesundheitsverhaltens*. Göttingen: Hogrefe.

WILSON, Th. (2007). *Gestatten, mein Name ist Ich. Das adaptive Unbewusste – eine psychologische Entdeckungsreise*. Zürich: Pendo.

Anzeigen

Die Balance zwischen online und offline

(HUBER heißt jetzt Hogrefe)

Isabel Willemse
Onlinesucht
Ein Ratgeber für Eltern, Betroffene und ihr Umfeld

2016. 160 Seiten, kartoniert
€ 19.95 / CHF 26.90
AUCH ALS E-BOOK

Ein Großteil der Jugendlichen und Erwachsenen kann sich problemlos zwischen digitaler und analoger Welt hin und her bewegen. Aber es gibt auch einen kleinen Teil, dem das nicht gelingt. Wenn die exzessive Mediennutzung negative Auswirkungen hat, könnte es sich um eine Onlinesucht handeln.

Der Ratgeber gibt im theoretischen Teil eine allgemeine Einführung in die Mediennutzung und beschreibt das Störungsbild sehr genau – ergänzt durch diverse Fallbeispiele. Hierzu gehören die Diagnosekriterien, Verbreitung, Ursachen und auch Begleiterkrankungen.

Der praktische Teil enthält viele konkrete Vorschläge für Bezugspersonen und Betroffene im Umgang mit Onlinesucht. Es wird auf die Wichtigkeit von Regeln in der Erziehung eingegangen und mit diversen Arbeitsblättern Hilfestellung geboten.

www.hogrefe.ch/85542

Ein Plädoyer für den Kampf gegen den Stress

(HUBER heißt jetzt **Hogrefe**)

Hans Rudolf Olpe / Erich Seifritz
Bis er uns umbringt?
Wie Stress die Gesundheit attackiert – und wie wir uns schützen können

2014. 240 Seiten, kartoniert
€ 19.95 / CHF 28.50
AUCH ALS E-BOOK

Etwa ein Drittel aller Erwerbstätigen in der Schweiz leidet unter chronischem Stress. Die neuesten Forschungen in den Bereichen Neurowissenschaften und Medizin zeigen übereinstimmend, dass Stress massive Auswirkungen auf die psychische wie auch auf die physische Gesundheit der Menschen hat.
Dauerhafter Stress kann zu psychischen Erkrankungen wie Depressionen und dem Burn-out-Syndrom, aber auch zu körperlichen Beschwerden wie Schlafstörungen und Immunschwächen führen.
Die Autoren sind hervorragende und international anerkannte Experten zum Thema. Als Wissenschaftler wenden sie sich in dieser Publikation bewusst an ein breites Publikum, um die neuesten Erkenntnisse und ihre Implikationen allgemeinverständlich darzulegen. Es ist ein engagiertes Plädoyer für einen sorgfältigeren Umgang mit unserer Gesundheit.

www.hogrefe.ch/85446